O coordenador
pedagógico
e seu desenvolvimento
profissional
na educação básica

Leitura indicada

1. O coordenador pedagógico e a educação continuada
2. O coordenador pedagógico e a formação docente
3. O coordenador pedagógico e o espaço da mudança
4. O coordenador pedagógico e o cotidiano da escola
5. O coordenador pedagógico e questões da contemporaneidade
6. O coordenador pedagógico e os desafios da educação
7. O coordenador pedagógico e o atendimento à diversidade
8. O coordenador pedagógico: provocações e possibilidades de atuação
9. O coordenador pedagógico e a formação centrada na escola
10. O coordenador pedagógico no espaço escolar: articulador, formador e transformador
11. O coordenador pedagógico e o trabalho colaborativo na escola
12. O coordenador pedagógico e a legitimidade de sua atuação
13. O coordenador pedagógico e seus percursos formativos
14. O coordenador pedagógico e questões emergentes na escola
15. O coordenador pedagógico e as relações solidárias na escola
16. O coordenador pedagógico e os desafios pós-pandemia
17. O coordenador pedagógico e seu desenvolvimento profissional na educação básica

17

O coordenador pedagógico e seu desenvolvimento profissional na educação básica

Laurinda Ramalho de Almeida
Vera Maria Nigro de Souza Placco
ORGANIZADORAS

Ana Lucia Madsen Gomboeff
Andréia Roncáglio Geraldo
Antonio Carlos Caruso Ronca
Fernanda Pereira Medeiros
Francine de Paulo Martins Lima
Irinilza O. Gianesi Bellintani
Jeanny Meiry Sombra Silva
Kelly Cristina Teixeira Lazarini
Kelly Szabo
Laurinda Ramalho de Almeida
Laurizete Ferragut Passos
Lisandra Cristina Saltini
Luiza Helena da Silva Christov
Rita Buzzi Rausch
Rodnei Pereira
Vera Lucia Trevisan de Souza
Vera Maria Nigro de Souza Placco

Edições Loyola

Dados Internacionais de Catalogação na Publicação (CIP)
(Câmara Brasileira do Livro, SP, Brasil)

O Coordenador pedagógico e seu desenvolvimento profissional na educação básica / Laurinda Ramalho de Almeida, Vera Maria Nigro de Souza Placco, organizadoras. -- São Paulo, SP : Edições Loyola, 2022. -- (Trabalho pedagógico ; 17)

Vários autores.
Bibliografia.
ISBN 978-65-5504-216-0

1. Coordenadores educacionais - Formação 2. Educação - Finalidades e objetivos 3. Escolas - Organização e administração 4. Pedagogia 5. Planejamento educacional 6. Prática pedagógica 7. Professores - Formação 8. Supervisão escolar I. Almeida, Laurinda Ramalho de. II. Placco, Vera Maria Nigro de Souza. III. Série.

22-129659 CDD-370.71

Índices para catálogo sistemático:
1. Coordenadores pedagógicos : Educação   370.71
Eliete Marques da Silva - Bibliotecária - CRB-8/9380

Conselho Editorial:
Emília Freitas de Lima
Idméa Semeghini Próspero Machado de Siqueira
Laurinda Ramalho de Almeida
Magali Aparecida Silvestre
Melania Moroz
Vera Lucia Trevisan de Souza
Vera Maria Nigro de Souza Placco
Capa: Maria Clara R. Oliveira [PROJETO GRÁFICO ORIGINAL]
Ronaldo Hideo Inoue [ATUALIZAÇÃO GRÁFICA]
Diagramação: Sowai Tam

A revisão do texto desta obra é de
total responsabilidade de seus autores.

Edições Loyola Jesuítas
Rua 1822 nº 341 — Ipiranga
04216-000 São Paulo, SP
T 55 11 3385 8500/8501, 2063 4275
editorial@loyola.com.br
vendas@loyola.com.br
www.loyola.com.br

Todos os direitos reservados. Nenhuma parte desta obra pode ser reproduzida ou transmitida por qualquer forma e/ou quaisquer meios (eletrônico ou mecânico, incluindo fotocópia e gravação) ou arquivada em qualquer sistema ou banco de dados sem permissão escrita da Editora.

ISBN 978-65-5504-216-0

© EDIÇÕES LOYOLA, São Paulo, Brasil, 2022

104144

Sumário

Apresentação 7

Um olhar para a própria atuação: coordenadores pedagógicos
e suas metáforas 9
Laurinda Ramalho de Almeida

Os afetos mediadores das relações interpessoais na gestão
da escola: por práticas reflexivas a serviço do devir. 29
Fernanda Pereira Medeiros
Vera Lucia Trevisan de Souza
Vera Maria Nigro de Souza Placco

Parceria colaborativa entre coordenadores pedagógicos
experientes e iniciantes: ação de indução profissional 47
Ana Lucia Madsen Gomboeff
Laurizete Ferragut Passos

A formação continuada e sua contribuição para o
desenvolvimento profissional 69
Irinilza O. Gianesi Bellintani
Antonio Carlos Caruso Ronca

Em busca de um caminho singular para um fazer plural:
proposição de uma base de conhecimentos profissionais para o
coordenador pedagógico 89
Rodnei Pereira

Dupla gestora: os desafios da atuação e da formação contínua 103
Kelly Szabo
Vera Maria Nigro de Souza Placco

O coordenador pedagógico e a formação de professores
especialistas: mitos e desafios enfrentados 121
Lisandra Cristina Saltini
Laurinda Ramalho de Almeida

A organização de rotinas no planejamento da gestão escolar 137
Luiza Helena da Silva Christov
Jeanny Meiry Sombra Silva

Desenvolvimento profissional da coordenação pedagógica
na educação infantil 151
Andréia Roncáglio Geraldo
Rita Buzzi Rausch

Diálogos com supervisores e coordenadores pedagógicos:
contribuições da pesquisa-formação ao
desenvolvimento profissional 173
Francine de Paulo Martins Lima
Kelly Cristina Teixeira Lazarini

Apresentação

Este livro do coordenador pedagógico propõe uma ênfase no desenvolvimento profissional do CP. Em geral, esse profissional não tem uma formação consistente nem uma carreira bem estruturada, nem reconhecimento social, o que não o ajuda nesse desenvolvimento profissional. O que fazem as instituições formadoras com relação a isso? O que faz a escola, o sistema de ensino, as políticas educacionais? O que fazem os próprios coordenadores e a direção? E como se dá ou pode se dar esse desenvolvimento, em nossas escolas, em nossa sociedade, neste momento histórico-político-sanitário? Como lutar, com o CP e demais gestores, em todos os níveis dos sistemas de ensino, pelo seu desenvolvimento profissional?

Neste volume, algumas reflexões sobre a atuação do CP, nos diversos níveis de ensino (Educação Infantil, Ensino Fundamental e Médio) e algumas propostas de trabalho com as marcas constitutivas dos meios sociais e dos indivíduos neles atuantes indicam a relevância dos afetos, dos processos reflexivos, das parcerias colaborativas entre educadores em diferentes funções. Porém também mostram a importância dos conhecimentos profissionais, do planejamento, da organização do cotidiano da escola, e, principalmente, o valor e a necessidade da formação do profissional da educação, para que seu desenvolvimento profissional resulte em melhores condições de aprendizagem para os alunos sob sua responsabilidade.

São essas algumas de nossas reflexões sobre o CP e contamos com os autores desta coletânea e com vocês, colegas profissionais da Educação, para pensar conosco nesse desenvolvimento. Não esperamos soluções ou resposta prontas, mas encaminhamentos, novas perguntas, um pensar junto que estimule esses nossos colegas, em cada uma de suas escolas e realidades, a refletirem também sobre sua formação e prática, a fim de transformá-la.

São Paulo, setembro de 2022.

Laurinda Ramalho de Almeida
Vera Maria Nigro de Souza Placco
Organizadoras

Um olhar para a própria atuação: coordenadores pedagógicos e suas metáforas

Laurinda Ramalho de Almeida[1]
laurinda@pucsp.br

Introdução

> [...] *metáforas, as maneiras de indicar ou insinuar essas secretas simpatias dos conceitos...*
> (Borges, J. L., A metáfora, 1999, vol. I, p. 423)

Somos seres sociais, geneticamente sociais, na afirmação de Wallon (1986), não porque temos um componente biológico para tal, mas porque precisamos de um meio social para nos tornarmos humanos. Os meios nos quais nos inserimos (ou somos inseridos) oferecem quadros de referência que permitem construir/descontrair/reconstruir pensamentos em busca de novos sentidos.

Nosso modo de viver conforme as referências de um dado meio vai depender das experiências que trazemos de outros meios sociais e da partilha de significados nesse meio. Esse compartilhar passa, principalmente, pela linguagem, pois uma de suas funções é a co-

---

1. Doutora em Educação: Psicologia da Educação; docente na Pontifícia Universidade Católica de São Paulo, nos programas de Pós-graduação em Educação: Psicologia da Educação e Educação: Formação de Formadores.

municação. A metáfora é uma frutífera possibilidade para facilitar a comunicação e a compreensão, e gerar campos de significados. Ao aceitarmos, com Bruner (1997, p. 60) que, "ao entender os fenômenos culturais, as pessoas não lidam com o mundo evento por evento, assim como não lidam com um texto sentença por sentença, elas esquematizam eventos e sentenças em estruturas maiores", percebemos que nem sempre é fácil explicitar a compreensão de nossa experiência em um discurso coerente. Então, "a secreta simpatia" com outra situação ajuda a fazê-lo, pelo emprego de metáforas.

Proponho-me, neste texto, a analisar depoimentos de coordenadores pedagógicos — CPs em dois tempos diferentes: depoimentos cedidos em 2002, apresentados em capítulo desta mesma coleção (ALMEIDA, 2003) e depoimentos cedidos em 2022, especialmente para este capítulo.

O objetivo da análise é encontrar respostas para: o que podemos saber mais sobre CPs, a partir de metáforas por eles elaboradas? Ser CP, decorridos 20 anos, sofreu mudanças? Metáforas podem ser estratégias formativas?

Puxando um fio

Em 2002, dez CPs[2] de escolas de ensino básico da rede pública estadual da Grande São Paulo generosamente responderam às seguintes questões:

a) Descreva um dia de trabalho que você considera típico de sua atuação como CP. Registre com detalhes todas as suas atividades.
b) Quando você terminou esse dia, o que pensou?
c) O que é ser CP?

---

2. Na rede estadual paulista de ensino, temos professores coordenadores — (PC) como função; na rede municipal paulista, temos coordenadores pedagógicos — (CP) como cargo; na rede privada, a nomenclatura é variada. Optamos, neste capítulo, usar sempre CP.

a) Quanto ao dia típico de trabalho,

a seguinte listagem de atividades aparece, com prioridade maior ou menor para uma ou outra: organização e execução de horários coletivos de trabalho pedagógico; organização do início dos períodos; relações formais e informais com direção, professores, alunos, pais, órgãos superiores; leitura de redes e comunicados referentes às atividades que envolvem professores e alunos e elaboração de relatórios; atendimento às emergências. (ALMEIDA, 2003, p. 23)

Retomo o argumento de uma coordenadora:

Dia típico pressupõe rotina. Segundo o dicionário, rotina significa caminho habitualmente seguido e conhecido, hábito de fazer as coisas sempre do mesmo modo.

Para o CP não há dia igual, pois a docência lida com pessoas, e elas são sempre diferentes. (ALMEIDA, 2003, p. 22, citando CP3)

Embora concordando com o espírito da afirmação, permito-me um contra-argumento.

O ensino é uma atividade relacional intencional. Se o relacional implica aceitar as diferenças e o confronto de subjetividades, o intencional implica atender a objetivos, o que, provavelmente, trará rotinas. Tardif (2002, p. 101), ao discorrer sobre isso, afirma:

[...] as rotinas são modelos simplificados de ação: elas envolvem os atos numa estrutura estável, uniforme e repetitiva dando assim, ao professor, a possibilidade de reduzir as mais diversas situações a esquemas regulares de ação, o que lhe permite, ao mesmo tempo, se concentrar em outras coisas.

b) Quanto ao término do dia de trabalho, aparecem predominantemente sentimentos. As falas dos CPs registram uma monótona repetição: exaustão, frustração, sensação de mal-estar. Uma ponta de satisfação para alguns: sensação de dever cumprido, um gosto pelo que fazem.

c) Quanto à questão: o que é ser CP, dos dez depoentes, seis usaram metáforas para definir suas funções como CP, o que me levou a procurar a ajuda de Lakoff e Johnson (2002) em *Metáforas da vida cotidiana* para análise das metáforas apresentadas, o que será visto à frente.

Estamos em 2022

Solicitamos a 10 CPs[3] — dois homens e oito mulheres (em exercício, ou tendo deixado há pouco tempo a coordenação), de escolas de ensino básico das redes estadual, municipal e particular da Grande São Paulo, que respondessem às questões:
a) Descreva um dia de trabalho que considera típico de sua atuação como CP.
b) Quando terminou esse dia, o que sentiu?
c) Indique uma metáfora para expressar o que é ser CP.

Incluímos a questão sobre metáforas porque queríamos refletir sobre elas, tal como fizemos com as metáforas dos CPs em 2002, com a contribuição, também, de Lakoff e Johnson (2002).

a) Quanto ao dia típico de trabalho, era esperado que aparecessem outras atividades, diferentes das que foram indicadas pelos CPs em 2002, por conta do momento atípico que estamos vivendo. Os anos de 2020 e 2021 foram marcantes (e 2022 continua sendo) para toda a sociedade, e a área da educação não ficou isenta das marcas do enfrentamento da pandemia provocada pelo novo Coronavírus. Medidas de isolamento social que levaram à interrupção das atividades presenciais nas escolas, e o retorno às aulas, em um certo abre-fecha das escolas, implicaram em situações inusitadas,

---

3. Agradeço a Ana Claudia, Dom, Elisa, Iara, Isabela, Luciana, Luciano, Marina, Paula e Teresa pela inestimável colaboração.

que provocaram novas atividades. A escola ocupou um lugar novo na pandemia.

Minha expectativa era que os CPs, ao falarem em um dia típico, agora no retorno às atividades presenciais, fizessem observações sobre ações que expressassem acolhimento e cuidado com o outro. Causou-me surpresa que não houvesse referência a essas questões. As atividades a destacar eram tantas, que lhes faltou fôlego para se alongarem e descreverem atividades de acolhimento e cuidados a professores e alunos? As exigências com o conteúdo por parte de pais e as demandas dos órgãos governamentais os contagiaram? Um CP fez uma lista de atividades. "*Chego às 7 horas e [...]*"; depois de uma página e meia escrita: "*Chega! Cansei de contar tudo que faço em um dia. Em muitas atividades, sinto que não sou eu*".

A listagem de tarefas enunciadas pelos CPs de 2002 aparece, acrescida de outras, o que era esperado, em função do momento especial que estão vivendo.

O que aparece para a maioria dos CPs:

- atendimento às emergências;
- dar sequência às demandas que ficaram do dia anterior.

Uma das CPs questionou, tal qual uma o fez em 2002, se há um dia típico, falando sobre a quase impossibilidade de uma rotina: "*a rotina é permeada por tudo que não estava planejado na rotina. Então: o que é rotina? Um encaixe de tudo que não estava previsto, naquilo que é obrigatório fazer*".

A maioria das CPs falam do que é obrigatório (o que lhes é atribuído) fazer:

- atendimento a professores, nas reuniões de formação e fora delas; a pais, em reuniões e quando chegam sem agendar; a alunos, para mediar conflitos em casos graves de indisciplina;
- "dar uma geral" nas salas para verificar o andamento das aulas;
- verificar atraso de professores, organizar horário de aulas, solicitar substituição de professores (quando o vice-diretor não está);

- atender demandas burocráticas; preencher planilhas com informações diversas;
- ajudar no pátio durante os intervalos.

O que aparece em apenas dois depoimentos, como reclamação: 1) não há, no dia típico, um espaço, por pequeno que seja, para cuidar do seu próprio processo formativo; falta-lhes tempo para estudar e preparar melhor o atendimento aos professores; 2) não há espaço para observar/visitar salas de aula.

Alguns CPs se referem ao atendimento às emergências como uma invasão, ainda que involuntária e necessária, às vezes, ao seu trabalho, pois o atendimento às demandas pedagógicas dos professores fica de lado. Uma das CPs narra que chegam pautas de formação dos órgãos centrais da Secretaria da Educação, mas estas não dão conta das necessidades da escola, o que a levou "*a procurar formadora externa*".

O que aparece em apenas dois depoimentos merece destaque. Uma das CPs narra como resolveu sua necessidade de estudo e preparo para as formações. Coloca, em horário determinado, uma "plaquinha" na porta com os seguintes dizeres: *Estamos em formação*. A justificativa que deu à equipe: "*Para formar minha equipe, preciso formar-me*". Acrescenta que chegou a essa solução a partir das discussões que teve e tem no Mestrado Profissional em Educação, do qual é aluna, curso que lhe dá empoderamento para defender suas atribuições de articulação e formação, e não só atender as emergências.

A reclamação sobre não haver espaço para fazer observação de aulas é justificada pelo fato de que o não acompanhamento das turmas em momentos de aulas não lhes oferece elementos para discutir pontos específicos com os professores, e fazer devolutivas.

A atividade "ajuda no pátio durante os intervalos" merece destaque. Essa atividade pode merecer reprovação por não fazer parte das atribuições do profissional CP. Porém, uma das CPs a defende: dependendo do sentido que se dê a esta situação, pode ser um momento interessante para conhecer e comunicar-se com os alunos, o que dá elementos para intervenções oportunas junto à equipe escolar.

b) Como os/as CPs expressam estado/sentimento ao término do dia de trabalho:

- *cansado, sinto que não sou eu;*
- *cansado, com a sensação que não cuidei como devia da minha equipe;*
- *esgotada;*
- *com sensação de que a lista de tarefas aumentou, ao invés de diminuir;*
- *cansada e com sentimento de frustração;*
- *exausta, cansada, frustrada porque não dei conta de fazer o que acredito ser meu trabalho — formação da equipe escolar;*
- *cansada, mas com vontade de voltar no dia seguinte, porque escolhi ser CP;*
- *cansada, frustrada por não ter tempo para estudar, para cuidar do meu processo formativo;*
- *exausta, mas satisfeita pelo dever cumprido;*
- *corpo cansado, sem energia, parece que passei no moedor de carne.*

Cansaço, exaustão é a expressão unânime que aparece na fala desses CPs, ao final de seu dia de trabalho. Aparece também frustração, porque faltou tempo para cuidar do próprio processo formativo e para cuidar de sua equipe. Uma CP usa essa metáfora para referir-se ao seu corpo cansado: "passou no moedor de carne".

Metáforas como recurso para expressão da atuação dos CPs

Quanto à terceira questão, indique uma metáfora para expressar o que é ser CP, vou analisar com destaque, porque é o cerne deste capítulo.

15

Na tradição retórica, a metáfora sempre foi considerada um ornamento linguístico. No entanto, Lakoff e Johnson (2002) apontam que os processos de pensamento são em grande parte metafóricos; as metáforas permitem entender um domínio da experiência em termos de outro. E advertem:

> As metáforas têm implicações que iluminam e dão coerência a determinados aspectos de nossa realidade. Talvez determinada metáfora seja a única forma de iluminar e de organizar coerentemente esses aspectos de nossa experiência. As metáforas podem criar realidades para nós, especialmente realidades sociais. Uma metáfora pode ser assim um guia para ações futuras. Essas ações, é claro, irão adequar-se às metáforas. Isso, por sua vez, reforçará o poder da metáfora de tornar a experiência coerente. Nesse sentido, as metáforas podem ser profecias autossuficientes. (LAKOFF; JOHNSON, 2002, p. 257)

Portanto, para Lakoff e Johnson, uma metáfora cria uma rede de implicações, um conjunto de percepções e de inferências que a acompanham. E, com base nelas, fazem-se planos, executam-se ações. Os autores advertem que a metáfora destaca certas características da realidade, enquanto suprime outras. Daí, a importância da conscientização sobre esse aspecto, e da possibilidade de se formar uma base para metáforas alternativas, quando se deseja enfraquecer o poder da realidade construída pela metáfora. Isso pode ocorrer, segundo os autores, se for desenvolvida uma "flexibilidade experiencial".

Nossos coordenadores encontraram nas metáforas uma forma de iluminar e organizar, de forma coerente, facetas de sua experiência. Como a metáfora tem um significado marcadamente contextual, sua compreensão tem que ser enquadrada no âmbito das interações vividas no cotidiano de seu trabalho. Por isso, solicitou-se aos CPs uma descrição de seu dia típico de trabalho.

De modo similar, quem vai refletir sobre as metáforas apresentadas pelos 10 CPs parte de um quadro de referências ao qual chegou, a partir de suas experiências e de literatura pertinente, o que me obriga a apresentar o meu. Vou fazê-lo a partir de um texto elaborado por mim e Vera Placco, sobre o que aceitamos como trabalho do CP.

[...] ele tem, na escola, uma função articuladora, formadora e transformadora. Portanto, é o mediador entre currículo e professores. Assim, esse profissional será, em nosso modo de ver, aquele que pode auxiliar o professor a fazer as devidas articulações curriculares, considerando suas áreas específicas de conhecimento, os alunos com quem trabalha, a realidade sociocultural em que a escola se situa e os demais aspectos das relações pedagógicas e interpessoais que se desenvolvem na sala de aula e na escola. (ALMEIDA e PLACCO, 2009, p. 38)

O que competiria, então, ao CP?

— como articulador, seu papel principal é oferecer condições para que os professores trabalhem coletivamente as propostas curriculares, em função de sua realidade, o que não é fácil, mas possível;

— como formador, compete-lhe oferecer condições ao professor para que se aprofunde na sua área específica e trabalhe bem com ela;

— como transformador, cabe-lhes o compromisso com o questionamento, ou seja, ajudar o professor a ser reflexivo e crítico em sua prática. (ALMEIDA; PLACCO, 2009, p. 39)

A partir desse quadro de referência, agrupei as metáforas e teci uma rede de implicações a partir de dois eixos:

- metáforas de cunho não integrativo, isto é, que se referem à multiplicidade de tarefas que os CPs desempenham de forma não articulada à equipe escolar, ao projeto pedagógico, ao seu entorno; tarefas não planejadas, ao sabor das circunstâncias;
- metáforas de cunho integrativo, isto é, que se referem à multiplicidade de tarefas que os CPs desempenham com intencionalidade para atender às especificidades de suas funções articuladora, formadora e transformadora.

Ao fazê-lo, repito, não se pode esquecer que "nenhuma metáfora pode ser compreendida ou até mesmo representada de forma adequada, independentemente de sua base experiencial" (LAKOFF; JOHNSON, 2002, p. 68) e que as escolas são diferentes entre si, mesmo fazendo parte de uma mesma rede de ensino, pois cada uma desenvolve uma cultura própria.

Seguem as metáforas, com uma possível rede de implicações, dentre as muitas possíveis:

a) **Metáforas de cunho não integrativo**

CP é:

— *um produto de mil e uma utilidades*:
- *na escola minhas funções não estão bem definidas — então vale fazer o que aparecer;*
- *as funções não estão bem definidas — então não sou dono de minhas funções;*
- *as funções não estão definidas — então assumo o lugar do outro, lugar que não é meu.*

— *um bombeiro*:
- *a escola tem situações que geram incêndios;*
- *apagar incêndio requer uma ação imediata;*
- *para apagar os incêndios que surgem, deixo de lado o que é próprio de minha função.*

— *estar em um triplo fogo cruzado*:
- *há pessoas bombardeando com solicitações de todos os lados: da SE, da DRE, da escola;*
- *não me sinto respeitado na especificidade de minha função;*
- *para dar conta de todas as solicitações, há que se optar por algumas e fugir de outras.*

— *um agricultor*:
- *recebe a terra que, sem cuidados, não produziria nada;*

- *ara, semeia, aduba, cuida, protege os grãos; vê os frutos aparecerem;*
- *acompanha o crescimento com atenção;*
- *a colheita será alimento para todos.*

Lembrando que "uma metáfora pode ser um guia para ações futuras", qual o perigo dessas metáforas? *CP como produto de mil utilidades* ou *um bombeiro* reforça o argumento que não dá para fazer previsão de ações, portanto, um planejamento próprio para o CP não é necessário, nem mesmo um plano de ação para atender às emergências. Ele está a serviço da escola, mas para o que chegar como solicitação; sua rotina é atender às emergências. *CP vivendo em um triplo fogo cruzado* reforça a ideia de que não tem parceiros, de que é possível atender às demandas sozinho, atacando-as ou se desviando delas.

Interessante que essas três metáforas, com termos ligeiramente diferentes (coringa, apagador de incêndios, cego em meio de um tiroteio), aparecem também nos depoimentos de 2002. Por que a persistência?

CP como um agricultor traz a ideia de um trabalho cuidadoso, porém solitário; a CP afirma: "A colheita será o reflexo de cada passo dado pelo agricultor". Agricultor sozinho, sem considerar o quanto poderia contar com o grupo, tanto para a semeadura como para a discussão sobre o terreno e o que plantar nele. Corrobora a afirmação de Guimarães Rosa (1985, p. 54): "Riobaldo, a colheita é comum, mas o capinar é sozinho".

b) Metáforas de cunho integrativo

CP é:

— <u>um jogador de xadrez</u>:
- *para ganhar o jogo, preciso conhecer bem o jogo;*
- *para ganhar o jogo, preciso conhecer/ estudar as estratégias do outro;*

- *para ganhar, preciso me antecipar e prever as próximas jogadas;*
- *sabendo jogar, tenho a satisfação de atingir o objetivo.*

— <u>um equilibrista de pratos</u>:
- *para garantir o equilíbrio, preciso ter agilidade nos movimentos;*
- *para garantir o equilíbrio, tento atender a todos;*
- *para garantir o equilíbrio, tenho que estar sempre me capacitando;*
- *se não tiver cuidado e perícia, o prato cai e quebra.*

— <u>uma costureira</u>:
- *para articular objetivos e ações, preciso costurar os interesses do coletivo;*
- *para articular e formar, preciso fazer emendas entre o desejado e o possível;*
- *para articular e formar, faço um trabalho artesanal, com os recursos que tenho às mãos;*
- *posso criar coisas novas, com o material que tenho à mão.*

— <u>um polvo</u>:
- *para dar conta de tantas atividades, tenho cabeça grande e braços ágeis;*
- *tenho cabeça grande para identificar os direcionamentos;*
- *tenho agilidade para impulsionar outros e aproveitar brechas;*
- *consigo os recursos necessários para atingir meus objetivos.*

— <u>a alma da escola</u>:
- *acolho as propostas da escola, que vem de todos;*
- *crio condições para o desenvolvimento das ações;*
- *acompanho e dou retorno às ações;*
- *sinto-me integrada ao coletivo, que é o corpo da escola.*

Qual a potência dessas metáforas? Há uma coerência entre *jogador de xadrez, equilibrista de pratos, costureira, polvo e alma da escola*; referem-se a ações para alcançar um objetivo. Para Lakoff e Johnson (2002), são metáforas conceituais, porque se referem a uma concepção sobre determinado fenômeno. O fenômeno aqui é coordenação pedagógica, que exige conhecimento, flexibilidade, cuidado, preocupação com o coletivo, sagacidade para aproveitamento de oportunidades e recursos. Ser CP é aceitar responsabilidades, correr riscos, coordenar o jogo coletivo, conhecer e estudar seu território de ação. A metáfora *costureira* aponta ainda que, apesar do excesso e diversidade das tarefas é possível criar algo novo com os recursos disponíveis do grupo. Essas metáforas reforçam o argumento de que é possível e desejável prever ações para dar conta de atender às emergências que surgem, contando com o apoio do grupo, conhecendo bem a sua equipe; com esse apoio, dar conta das atribuições que lhe são próprias. É possível ter um plano de trabalho não para ficar na gaveta, mas um plano em ação, para ser acompanhado, para dar e receber feedback.

Encontrei dificuldade em incluir uma metáfora nos dois eixos definidos, pois abrange as características da integração e da não integração, isto é, integra duas realidades em uma só afirmação.

— *ser CP é ser ora lagarta, ora borboleta:*
- *como CP vivo uma metamorfose constante;*
- *o cotidiano cria desafios, transformações acontecem;*
- *como lagarta, estou em processo de luta para vencer os desafios pedagógicos e administrativos;*
- *quando traço planos com minha equipe me sinto leve como uma borboleta.*

A metáfora indica uma ambivalência entre não integração/ integração, pela percepção do CP, ora de fechamento no casulo (*lagarta*), para fugir dos desafios, ora de liberdade (*borboleta*), quando traça planos com a equipe.

As dez metáforas e suas redes de implicações revelam, como já afirmado, facetas de experiências que se apresentaram como realidades. Ora o CP se vê como profissional que sofre pressões de todos os lados, ora se vê sozinho, isolado; ora a serviço do coletivo, mas sem papel definido, ora tem a clareza de seu papel articulador, formador e transformador. São diferentes olhares para o mesmo fenômeno — coordenação pedagógica, que revelam tanto as singularidades dos CPs, como as dos ambientes escolares nos quais atuam. Revelam também, se a elas juntarmos o cansaço e a frustração que expressaram sentir ao findar o dia de trabalho, que o cuidar de si não entra em suas agendas; apenas uma CP expressou *"não há tempo para cuidar de mim para não cair em desespero; é preciso ter tempo até para aceitar nossos limites"*.

Tenho discutido que a escola é o espaço, por excelência, para trabalhar o conhecimento, mas é também uma oficina de relações. Ao CP compete fazer a gestão dos conteúdos curriculares, contribuindo com o professor para que transforme seu conhecimento específico em ensino que promova aprendizagens, bem como a gestão das interações no seu grupo de professores, o que envolve conhecer as demandas do grupo e estratégias adequadas para atendê-lo.

Os anos de 2020 e 2021 forçaram mudanças de hábitos, de rotinas, de atitudes, de interações na vida familiar e na escola, e as emoções foram exacerbadas. Em muitas ocasiões, as emoções predominaram sobre a razão. Em 2022, novas mudanças estão em curso e outras para serem reveladas.

O cuidar intencional do CP neste momento, no qual avança para um novo jeito de caminhar, continua sendo um cuidado com o conhecimento já construído sobre a área da formação de professores e das relações interpessoais; um cuidado com o fazer, isto é, com estratégias formativas adequadas aos objetivos que pretende atingir e adequadas ao seu grupo de professores, neste momento atípico; um cuidado em fazer do conhecimento alicerce para projetos regidos pela ética. Mas também o cuidar de si se faz necessário.

A expressiva afirmação da CP (*para não cair em desespero*) permite-me retomar um fragmento de texto discutido nesta coleção coordenador pedagógico:
Para cuidar do outro, é preciso cuidar-se.

O que pode fazer para cuidar bem de si:
— prestar atenção em si mesmo, garantir mais tempo para maior contato consigo mesmo;
— procurar identificar as situações provocadoras de sentimentos positivos e negativos;
— procurar identificar os sentidos que seu trabalho tem para si;
— aceitar-se como pessoa concreta que é, sujeita a limitações de condições internas (valores, crenças, expectativas) e de condições externas (pressões dentro e fora da escola);
— procurar identificar o seu jeito de ser, fruto de sua história, experiências, leituras, trocas, crenças e refletir se esse jeito o satisfaz, ou seja, se alguma mudança deve ser tentada;
— compartilhar com seus pares certezas e dúvidas;
— ser despojado: não propor objetivos inatingíveis. (ALMEIDA, 2021, p. 28)

Metáforas como estratégia formativa

Como reverter metáforas que revelaram não articulação/integração do CP com os demais profissionais da escola? Como aliviar a solidão do CP? Como evitar a cristalização de uma metáfora? Como ampliar o campo experiencial do CP?

As metáforas, como vimos, são conceptuais por natureza. Elas são um dos nossos principais veículos para compreensão. Desempenham um papel central na construção da realidade social e política [...] não são apenas questões de linguagem. (LAKOFF; JOHNSON, 2002, p. 261)

Portanto, pode-se pensar a metáfora desempenhando um papel importante nos processos formativos, como tema para socializações colaborativas. Garcia (1999), ao discorrer sobre o desenvolvimento profissional do professor, aproveita o estudo de Lakoff e Johnson sobre metáforas, focalizando-as no campo da formação de professores. Argumenta que "a experiência pessoal e os campos metafóricos mantêm uma relação dialéctica, ou seja, são geradas e modificadas por um contínuo confronto" (idem, p. 159). Para o autor, as metáforas são úteis para desencadear reflexões sobre si mesmo e a própria atuação, na medida em que, através delas, exprimem-se conhecimentos, rotinas e sentimentos.

Vejo aí a justificativa do emprego de metáforas como estratégia formativa. Se Lakoff e Johnson consideram que a metáfora une razão e imaginação, como formadora, vejo a metáfora como um recurso para trazer à tona a integração que faz a constituição do humano: razão e emoção, ou seja, aspectos cognitivos e afetivos. Mahoney (2012), baseada na psicogenética de Henri Wallon (2007), afirma:

> O motor, o afetivo, o cognitivo, a pessoa, embora cada um desses aspectos tenha identidade estrutural e funcional diferenciada, estão tão integrados que cada um é parte constitutiva dos outros. Sua separação se faz necessária apenas para a descrição do processo. Uma das consequências dessa interpretação é de que qualquer atividade humana sempre interfere em todos eles. Qualquer atividade motora tem ressonâncias afetivas e cognitivas; toda disposição afetiva tem ressonâncias motoras e cognitivas; toda operação mental tem ressonâncias afetivas e motoras. E todas elas têm impacto no quarto conjunto: a pessoa, que ao mesmo tempo em que garante essa integração, é resultado dela. (MAHONEY, 2012, p. 15)

A expressão, via metáforas, de pensamentos e sentimentos, de razão e emoção, traz a pessoa concreta e contextualizada, que está presente nos processos formativos.

Garcia (1999) afirma que a análise das metáforas pode ajudar os professores a repensar suas concepções e teorias implícitas, e que compete ao formador selecioná-las, a partir de entrevistas em profundidade ou através da análise de diários ou da observação direta do professor, e apresentá-las ao professor para que reflita sobre sua utilização.

Acrescento a essas uma proposta que me parece mais promissora, porque envolve a socialização das metáforas, em um grupo de discussão. Propõe-se uma questão desencadeadora sobre o fenômeno/questão que o formador planeja ser refletida. A teia de implicações de cada metáfora apresentada nasce no e pelo grupo. O formador traz aportes teóricos para subsidiar a discussão que decorra dessas implicações. A análise de metáforas, nesse formato, traz à tona as concepções e teorias implícitas não só do propositor da metáfora, como do coletivo que está em formação. O fundamento que norteia essa proposta é a criação de um ambiente de confiança que permita contrapor pontos de vista diferentes para desencadear uma "flexibilidade experiencial" da qual falam Lakoff e Johnson.

A "flexibilidade experiencial", que evita cristalização de metáforas incorporadas e permite a substituição por novas, vai depender do que *rolar no grupo*, tanto da reflexão sobre as experiências que deram origem às metáforas, como do confronto com outras experiências e metáforas. Aflora, então, o saber da experiência.

Saber da experiência é um saber que se constitui no questionamento sobre as circunstâncias que afetaram o profissional na trajetória da experiência, sobre o antes e o depois, na busca de novas significações. É o vivido refletido, no movimento do ontem para hoje.

A reflexão sobre a própria experiência, embora possa ser atendida pela autoconfrontação (confrontar os vividos de ontem com meu Eu de agora) fica mais adensada quando em diálogo com outros, o que leva a novas aprendizagens:

> Assim, o que se quer afirmar é que a aprendizagem do adulto se dá, primordialmente, no grupo, no confronto e no aprofundamento de ideias, pela escolha individual e comprometida com o evento a ser conhecido. Esse evento, que se apresenta em sua multiplicidade, se ancora na experiência do aprendiz, significada pela linguagem. (PLACCO e SOUZA, 2006, p. 24)

Amarrando os fios

Comecei situando as metáforas empregadas por CPs em 2002. Era um momento de tensão para os CPs, particularmente na rede pública estadual paulista. A Resolução SE 28/1996 expandira a coordenação pedagógica para todas as escolas da rede estadual, "dispondo sobre o processo de designação de professor para exercer a função de coordenação pedagógica nas escolas da rede estadual". A Resolução SE 76/1997 prescreveu que sua principal atribuição era atuar "no processo de articulação e mobilização escolar na construção do projeto pedagógico da unidade escolar". Ao colocar o professor nessa perspectiva, indicava-lhe um estilo de coordenação: a pedagógica. Tanto é que, na rede estadual, os professores designados para exercer a função (na rede estadual paulista, até hoje, 2022, é função, não é cargo) eram conhecidos como professores coordenadores pedagógicos (PCP). No entanto, em 2000, a Resolução SE 35/2000 retirou "para exercer função de coordenação pedagógica", e os coordenadores passaram a ser professores coordenadores, sem um lugar/espaço pedagógico definido na unidade escolar. Passaram a ser agentes da burocracia escolar (ALMEIDA, 2013).

Ao analisar os depoimentos dos coordenadores, cedidos em 2002, o intuito foi evidenciar, nas palavras dos próprios coordenadores, como se viam na função. Fazia sentido, naquele momento, alguns sentirem-se *um cego perdido no meio do tiroteio, um coringa, um apagador de incêndio*. Até porque era escassa a literatura sobre coordenação pedagógica que os ajudasse no seu fazer pedagógico.

Mas agora, 20 anos depois, com a expansão de estudos e pesquisas sobre formação de professores e coordenação pedagógica, apareceram metáforas que se assemelham a essas (vale lembrar que os CPs ouvidos agora não atuam somente na rede estadual). Faz sentido pensar em estratégias formativas destinadas aos CPs para alertá-los sobre a importância de serem agentes de articulação, formação e transformação. A discussão de metáforas cristalizadas, em grupos, para socialização colaborativa, pode ser um caminho possível.

Entendo, e faço coro com os CPs, que aos gestores do sistema educacional das diferentes redes de ensino (estadual, municipal e particular) compete criar condições para que "os CPs não entrem em desespero", tal o montante de tarefas que lhes é atribuído. Não é só de formação continuada que precisam para seu desenvolvimento profissional, embora esta também seja necessária.

Para encerrar, e para retribuir a gentileza e a generosidade dos CPs que contribuíram para a escritura deste capítulo, cedendo-me suas metáforas, apresento, de meu lugar de estudiosa da coordenação pedagógica, de formadora e pesquisadora, minha metáfora:

Ser CP é temperar leveza com firmeza, no trato com as interações humanas, com os conteúdos da cultura e consigo mesmo, lembrando Paul Valéry, celebrado por Calvino (1990, p. 28): "É preciso ser leve como o pássaro, e não como a pluma", isto é, é preciso ter leveza associada à precisão e à determinação. Nos tempos que correm, esta é uma Arte necessária que nos aproxima como educadores.

Referências

ALMEIDA, L. R. Um dia na vida de um coordenador pedagógico de escola pública. In: PLACCO, V. M. N. S.; ALMEIDA L. R. (org.). *O coordenador pedagógico e o cotidiano da escola*. São Paulo: Loyola, 2003. 21-46.

_____. Estilos de Coordenação Pedagógica na Rede Pública Estadual Paulista no Período de 1960–2010. In: *Revista Brasileira de Política e Administração da Educação*, v. 29, n. 3 (set./dez. 2013). 503-523.

_____. Retomando a questão do cuidar: aprendizagens do coordenador pedagógico na pandemia. In: PLACCO, V. M. N. S.; ALMEIDA L. R. (org.). *O coordenador pedagógico e os desafios pós-pandemia*. São Paulo: Loyola, 2021. 23-42.

ALMEIDA, L. R.; PLACCO, V. M. N. S. O papel do coordenador pedagógico. In: *Revista Educação*. São Paulo: Segmento, ano 12, n. 142 (2009).

BORGES, J. L. A metáfora. In: *Obras completas de Jorge Luís Borges*, v. 1. São Paulo: Globo, 2000.

BRUNER, J. *Atos de significação*. Porto Alegre: Artes Médicas, 1997.

CALVINO, I. *Seis propostas para o próximo milênio: lições americanas.* São Paulo: Companhia das Letras, 1990.

GARCIA, C. *Formação de professores: para uma mudança educativa.* Porto: Porto Editora, 1999.

GUIMARÃES ROSA, J. *Grande Sertão: veredas.* Rio de Janeiro: Nova Fronteira, 1985.

LAKOFF, G.; JOHNSON, M., *Metáforas da vida cotidiana.* Campinas: Mercado de Letras; São Paulo: Educ, 2002.

MAHONEY, A. A. Introdução. In: MAHONEY, A. A.; ALMEIDA, L. R. (org.). *Henri Wallon. Psicologia e educação.* 11. ed. São Paulo: Loyola, 2012.

PLACCO, V. M. N. S.; SOUZA, V. L. T. (org.). *Aprendizagem do adulto professor.* São Paulo: Loyola, 2006.

TARDIF, M. *Saberes docentes e formação profissional.* Petrópolis: Vozes, 2002.

WALLON, H. O papel do Outro na consciência do Eu. In: WEREBE M. J. G.; NADEL-BRULFERT, J. *Henri Wallon. Psicologia.* São Paulo: Editora Ática, 1986. 158-167.

_____. *A evolução psicológica da criança.* São Paulo: Martins Fontes, 2007.

Os afetos mediadores das relações interpessoais na gestão da escola: por práticas reflexivas a serviço do devir

Fernanda Pereira Medeiros[1]
fernandapereiramedeiros@gmail.com
Vera Lucia Trevisan de Souza[2]
vera.trevisan@uol.com.br
Vera Maria Nigro de Souza Placco[3]
veraplacco7@gmail.com

Apresentação

O presente capítulo aborda as relações interpessoais que configuram as práticas da equipe gestora na escola, com centralidade nas ações que promovem ou emperram o trabalho coletivo na escola. Tem por objetivo, ao apresentar uma análise de encontros com gestores realizados ao longo de três anos, penetrar as significações que emergem nas relações, com realce nos afetos, e oferecer aos leitores novas possibilidades de compreensão das relações e práticas tão caras ao bom funcionamento das instituições escolares. Intenta-se, ainda, inspirar intervenções que favoreçam ações transformadoras da atuação da coordenação pedagógica.

---

1. Doutora e Mestre em Psicologia pela PUCCamp-SP.
2. Doutora e Mestre pela PUC-SP, professora do programa de pós-graduação em Psicologia, da PUCCamp-SP.
3. Doutora e Mestre pela PUC-SP, professora titular da PUC-SP, nos programas de Pós-graduação em Educação, Psicologia da Educação e Educação: Formação de Formadores.

Muito tem sido difundido, pela literatura especializada, nos últimos anos, a respeito do papel da CP na escola, seja no encaminhamento dos processos pedagógicos (PLACCO, 2003; PLACCO & SOUZA, 2012; SOUZA, PETRONI & DUGNANI, 2015; ALMEIDA & PLACCO, 2016; PLACCO & ALMEIDA, 2012), na formação dos professores (SOUZA & PLACCO, 2021; ALMEIDA & PLACCO, 2018; BRUNO, ALMEIDA & CHRISTOV, 2009) ou na promoção do ensino e aprendizagem dos estudantes. Em geral, a CP é abordada como componente da gestão escolar, juntamente com a direção e a vice-direção, que em seu conjunto constituem o que se denomina de equipe gestora. Portanto, ao longo deste capítulo anunciaremos como equipe gestora a tríade aqui exemplificada, mas tendo como foco as relações que configuram a complexidade da CP no contexto escolar.

Ao longo de nossa atuação em diferentes contextos escolares, percebemos que uma, dentre as tantas razões para as dificuldades para se avançar nos processos que organizam o cotidiano da escola é a mudança constante dos gestores da educação, no âmbito dos sistemas de governo e no interior das escolas[4]. Tal constatação evidencia a importância das políticas educativas, e a necessidade de as equipes gestoras tomarem o projeto político-pedagógico (PPP) da escola como instrumento norteador das práticas e, também, de resolução dos conflitos que, por vezes, impedem o desenvolvimento do trabalho no interior da escola. Sem a mediação desse documento norteador, as comandas centralizam-se na imposição pelos gestores que, muitas vezes, são significadas como autoritárias pelos professores e/ou por estudantes e famílias. Assim, a equipe gestora, sem contar com ferramentas que poderiam lançar luz aos problemas que

---

4. Os exemplos de atuação que ilustram as reflexões discorridas ao longo deste capítulo são fruto do trabalho do grupo de pesquisas Processos de Constituição do Sujeito em Práticas Educativas (Prosped) da PUCCamp, em diálogo com o grupo de pesquisa Contexto Escolar, Processos Identitários na formação de Professores e Alunos da Educação Básica (CEPId), da PUC-SP, especialmente dos resultados da pesquisa intitulada "A escola como promotora de desenvolvimento humano: contribuições da Psicologia à gestão escolar" (MEDEIROS, 2022).

se apresentam, concentra em si mesma o poder de direcionar os tantos fazeres dos atores escolares e sucumbe aos desafios enfrentados nas relações que, em sua maioria, derivam de demandas de cunho afetivo, e isso tanto com os professores e alunos, quanto com as que engendram entre si (DUGNANI & SOUZA, 2011; 2016; PETRONI, 2013; MEDEIROS, 2022).

Nessa direção, o presente capítulo focaliza essas relações, tendo como ilustração um recorte de uma pesquisa de doutorado em Psicologia (MEDEIROS, 2022), com sujeitos gestores de uma escola pública de uma grande cidade do estado de São Paulo, cujo conteúdo pôde ser discutido e enriquecido pelas coautoras deste texto. A seguir, nos aprofundaremos na compreensão teórica que sustenta as contribuições reflexivas aqui dispostas.

A equipe gestora e as relações interpessoais

Ainda que muitos autores denunciem (PIRES & MORORÓ, 2018; DUGNANI & SOUZA, 2016; LIBÂNEO; 2016) as dificuldades da equipe gestora da escola em sustentar as práticas fundamentadas e em favor de uma gestão democrática e participativa, com vistas a garantir a efetividade dos processos de ensino e aprendizagem que ocorrem na instituição escolar; corroboramos as ideias de Almeida (2016) de que o trabalho colaborativo se faz possível apenas a partir do estabelecimento de "um particular tipo de relação entre os membros do grupo, pois a qualidade da relação é crucial nesse tipo de trabalho" (p. 25). Ademais, entendemos que as relações pedagógicas e interpessoais são interdependentes e, portanto, parafraseando Almeida (2016), as quebras nas relações interpessoais provocam brechas nas pedagógicas, sejam elas entre estudantes e educadores e/ou entre os próprios educadores que constituem o cenário escolar.

No que diz respeito a nossa experiência com os gestores e professores formadores, nas mais variadas pesquisas já desenvolvidas, o que parece prevalecer enquanto núcleo mediador dessas relações na escola são os afetos de nuances negativas (MEDEIROS, 2022; RAMOS, 2020; FAVARIN, 2018). Sabe-se que o cotidiano, embrutecido pelas más condições materiais, predominantes na realidade educacional de nosso país, paralisa, amargura e refreia o poder de agir dos educadores. Assim, os esforços necessários para enfrentar esse cenário de aspereza podem se esvair, a depender da potência dos encontros dispostos à equipe gestora (DUGNANI, PETRONI, MEDEIROS & SOUZA, 2020).

Apesar disso, em buscas realizadas na Biblioteca Digital Brasileira de Teses e Dissertações (BDTD) e no Banco de Teses e Dissertações da Coordenação de Aperfeiçoamento de Pessoal de Nível Superior (Capes)[5], todas as pesquisas que discorrem sobre os gestores escolares enfatizam a necessidade de um espaço reflexivo a esses atores para que possam garantir a permanência dos princípios democráticos na educação, em detrimento dos padrões autoritários e de disputa de poderes que parecem tensionar o lugar da gestão escolar. É somente a partir da garantia de espaços de pausa reflexiva que as relações interpessoais empreendidas por esses sujeitos podem ser ressignificadas e, assim, a ampliação de consciência dos gestores possa reverberar nos demais componentes da comunidade escolar por meio de práticas colaborativas e coletivas que qualifiquem os processos de desenvolvimento, ensino e aprendizagem na escola.

Entretanto, faz-se mister que não confundamos o olhar lançado aos afetos enquanto núcleo mediadores das relações interpessoais com o psicologismo que vem ganhando espaço na Educação da atualidade (SMOLKA, LAPLANE, MAGIOLINO, DAINEZ, 2015). Portanto, faz-se importante alocar a compreensão acerca das relações interpessoais e dos afetos que as configuram à luz do materialismo histórico-dialético, inclusive as relações interpessoais que a equipe gestora empreende entre si, tal qual o faremos a seguir.

---

5. O levantamento completo está disponível em MEDEIROS (2022).

As relações interpessoais e os afetos à luz da dialética

A Psicologia Histórico-Cultural, fundamentada nas ideias de Vygotsky e derivada do materialismo histórico-dialético, assume uma visão de homem que é histórico; tem suas características constituídas pelo tempo, pela sociedade e por suas relações, sendo a relação indivíduo-sociedade concebida como dialética, em que, ao se construir, o homem constrói sua própria realidade. Portanto, considera-se o fenômeno psicológico como histórico, que surge e se constitui a partir das relações humanas com o mundo físico e social (SOUZA & PLACCO, 2021; AGUIAR & MACHADO, 2016; AGUIAR, BOCK, & OZELLA, 2001). Sendo assim, em se tratando das relações interpessoais e dos afetos que as constituem, algumas categorias que compõem o materialismo histórico-dialético se tornam imprescindíveis na apreensão e ampliação de nossa compreensão. São elas **totalidade, mediação** e **contradição**.

A **totalidade** diz de uma categoria que nos permite lançar um olhar sobre o gestor da escola, que é, a um só tempo, parte e todo. E, assim, por conter em si o princípio do movimento dialético, a equipe gestora não pode ser analisada de forma estática, e sim enquanto unidade que contém o todo escolar e com infinitas possibilidades de vir a ser. A **mediação**, por sua vez, é a categoria teórica que nos possibilita acessar o núcleo organizador das relações empreendidas pela e na equipe gestora, no contexto da escola, favorecendo ir além do que parece dado nessas relações aparentemente imediatas (NEVES, 2020; AGUIAR & MACHADO, 2016). É a lente que nos auxilia na análise das significações dos sujeitos gestores em relação às vivências e sentidos que atribuem ao próprio cargo que ocupam e aos conflitos com que lidam no cotidiano escolar, ao ocuparem esses lugares de autoridade; um cotidiano imerso e propulsor de contradições. **Contradição** esta que também se configura como uma categoria imprescindível para pensar a equipe gestora que se apresenta, a um só tempo, enquanto ser gestor e ser gerido dentro da configuração na qual se alocam. Quando lançamos mão da lente da contradição para ampliar nossa compreensão acerca da realidade, passamos a entender que todo fenômeno tem na base de seu movimento um sistema de contradições, e é justamente por conter os seus contrários que o movimento se dá (POLITZER, 1962/1986). Ou seja, só há mudança possível quando as coisas não estão de acordo com elas próprias e, por isso, é pela luta entre forças contrárias que as realidades se transformam.

Sustentadas por essas premissas teórico-metodológicas, ao longo das reflexões que se seguirão, é importante que salientemos que as contradições só se tornam aparentes nas falas dos sujeitos porque houve um movimento intencional de colocar em evidência os tensionamentos que configuram as relações e os afetos da equipe gestora com e na escola; uma condição para a transformação de dada realidade no contexto educacional. Assim, tomar a questão dos **afetos** para além do paradigma biologizante e individualista, é tomar as lentes do materialismo histórico-dialético e alocá-los **enquanto mediatizantes das relações contraditórias empreendidas pelos gestores com toda a comunidade escolar e, também, entre si.**

Trata-se de compreender essa realidade enquanto sobreposta por múltiplas camadas que não são acessíveis de imediato. É preciso acessá-la a partir da perspectiva de incompletude e cercar-se da possibilidade da dúvida, uma vez que se intenta compreender os fenômenos enquanto alocados em um processo histórico de constituição, sem perder de vista que as significações estão sempre em constante mudança e com infinitas possibilidades de vir a ser.

Isto posto, o que discorreremos a seguir são algumas das múltiplas camadas de significações que compõem a totalidade, as contradições e as mediações que circunscrevem as relações interpessoais e os afetos de uma equipe gestora de uma escola pública **entre seus próprios membros**, representados, neste recorte, nas reflexões teóricas **a partir das falas desses gestores, especialmente de uma coordenadora pedagógica** que compõe a equipe, aqui nomeados pelos cargos que ocupavam.

As camadas das relações gestoras entre si

> *Com o correr do tempo, podemos ver mais ou menos coisas em uma imagem, sondar mais fundo e descobrir mais detalhes, associar e combinar outras imagens, emprestar-lhe palavras para contar o que vemos.*
> (Manguel, 2001, p. 25)

O medo dos conflitos emergirem

Para entender como se dão as relações interpessoais das equipes gestoras, bem como os afetos que circulam mediatizando essas relações, é importante ampliarmos nossa compreensão acerca das demais relações que empreendem com toda a comunidade escolar. Ao longo de nossos trabalhos com diferentes equipes gestoras, foi possível perceber que o núcleo mediador que fundamenta algumas das práticas adotadas pelas equipes está pautado pelo **medo dos conflitos emergirem** e, portanto, na figura de conciliador de conflitos entre os professores e alunos, entre famílias e educadores e entre os próprios membros da equipe gestora.

Para sustentar essa postura, a gestão passa **a evitar o conflito**, especialmente com os professores da instituição, a qualquer custo. Em função do medo de que faltas de professores possam vir a acontecer, os membros da gestão sustentam práticas que cedem às ameaças veladas de rompimento, às quais estão submetidos nas relações empreendidas com o corpo docente. O que se vê é uma tarefa hercúlea para protegerem os professores, seja de conflito com os estudantes, seja de conflito com as famílias, a um só tempo em que se constitui uma prática gestora em que, constantemente, os conflitos ora são evitados, ora são ignorados. Nas palavras da coordenadora pedagógica:

> *CP: Nós, como equipe, fomos lisos e soubemos contornar a situação, porque a gente poderia ter sido rude e falar "não, assim não dá", "é assim e assim", e causar o conflito da equipe*

[de professores] que é toda fechada e comprar briga... pelas situações que ocorreram que poderiam causar desavenças, descontrole; todas foram bem contornadas e bem resolvidas para que ninguém ficasse magoado ... Sabe, eu ultimamente estou deixando a pessoa falando sozinha. Então, quando pede alguma coisa pra gente, a gente não dá resposta, nem que sim, nem que não... A partir do momento que você não está bem no mesmo ambiente, você tem outra sala aqui do lado, você pode ficar lá. (A CP se referia ao modo como os gestores lidaram com as adversidades ao longo do ano zelando para que a equipe de professores se mantivesse preservada dos conflitos com que eles, enquanto gestores, precisavam lidar no dia a dia. Grifo nosso.)

O conflito é essencial na construção dos horizontes democráticos na gestão escolar (PARO, 2016), uma vez que é na pluralidade de ideias e conceitos que se faz possível a maior apreensão da realidade vivida e compartilhada no cotidiano da escola. Na compreensão de Souza e Placco (2021), um fenômeno só pode ser melhor apreendido à medida que se propicia o confronto entre ideias e hipóteses divergentes. É apenas pelo diálogo com diferentes opiniões e sugestões que se avança em maiores compreensões do vivido.

Na busca por evitar o conflito com a equipe de professores, os gestores acabam por instituir o medo — do qual também padecem — na relação gestores-professores, pois, ao não possibilitarem o debate de ideias e o compartilhamento de sugestões de soluções para os problemas cotidianos na escola, acabam por não promoverem espaços dialógicos. Inviabilizam, dessa forma, a construção de práticas coletivas e colaborativas. Diminuem, assim também, a potência de ação dos professores em relação ao diálogo com direção, vice direção e coordenação pedagógica. Não seria esse um tipo de relação que é reproduzida pelos professores com os estudantes e, muitas das vezes, criticada pela equipe gestora?

Entendendo que todo fenômeno contém em si a sua contrária (POLITZER, 1962/1986), é pelo medo que os gestores tentam instituir práticas pedagógicas que não sejam pautadas na opressão, mas acabam, assim, contribuindo para a perpetuação de condutas opressivas, uma vez que fomentam situações sociais de desenvolvimento (VYGOTSKY, 1935/2010) promotoras de vivências que têm em sua base o medo como afeto mediador.

O modo de funcionar sem pausas

Atravessados pelas inúmeras demandas que se assentam na instituição sem pausas, o modo de funcionar pautado pela reação ganha prevalência em detrimento da negociação das significações, e então passa a fazer parte da natureza das práticas gestoras.

CP: É uma canseira! Não tem plano! Por melhor que você tenha um plano, não tem como não ficar desgastada.

VICE-DIRETORA: Às vezes, você sai com um planejamento de casa. Você chega aqui pra fazer aquilo que você elencou, você não faz nada, faz outra coisa, e outra, e outra. Mesmo você estando em casa, você fica naquela angústia, pensando. (Relatos da equipe quando indagada sobre os momentos de planejamento e pausa)

Para além da promoção da aprendizagem e constituição dos sujeitos pelo acesso ao humano genérico, que é função da instituição escolar, a relação dos gestores com as práticas cotidianas na escola os constitui como sujeitos. Tendo o trabalho enquanto condição estruturante da subjetividade humana (CLOT, 2010), como as significações dos sujeitos se constituem quando essa condição é permanentemente atravessada por afetos que os colocam sempre em situação de alerta?

*DIRETORA: A gente está sendo sugado a todo momento! É reunião para os coordenadores, pra nós, então a **gente fica meio que desesperado** de não dar conta daquilo que a gente tem de fazer.*

CP: Na reunião pedagógica não tem tempo de passar tudo para os professores! ... vai no particular e diz "preciso falar com você".

Porque reunião pedagógica mesmo, esse bimestre, nós fizemos só 5! Alinhamento? Sabe que horas que é? No telefone, a hora que eu venho, porque aqui dentro não dá tempo! VICE-DIRETORA: Aqui em cima da mesa, bilhetinhos e bilhetinhos! (Gestores contam sobre como se sentem em relação aos atravessamentos do cotidiano escolar).

Como se dá um planejamento de estratégias a serem utilizadas numa instituição, em meio aos diálogos constantemente interrompidos e fragmentados? A orientação de condutas que dizem respeito ao planejamento de curto, médio e longo prazo na instituição escolar são rotineiramente atravessadas pelas urgências do cotidiano, e os gestores se veem imersos pela sensação de viverem em um tempo curto diante do número incoerente de demandas que possuem. E em um trabalho de gestão sempre marcado pela interrupção que, por sua vez, marca um trabalho fragmentado. **O modo de funcionar sem pausas só é interrompido pelas urgências.** Trata-se da contradição da contradição, uma vez que, se o trabalho é continuamente marcado pelas urgências, nada é prioridade. Desse modo, para além de ganhar mais tempo para a realização dessas inúmeras tarefas, é importante que se faça a reflexão sobre a importância da pausa para o planejamento e eleição de quais demandas serão priorizadas e executadas pela equipe. Tal qual alerta Placco (2003), tona-se imprescindível a luta por implementar os tempos e espaços de organização das rotinas e do trabalho da gestão da escola, pois somente assim torna-se viável a ação consciente com vistas à transformação da realidade escolar.

A solidão, o tensionamento e a inviabilização do trabalho coletivo

Aos poucos, um cenário vai se anunciando sobre em que condições as relações interpessoais da equipe gestora se desenvolvem: isolados intra- e extramuros da escola, imersos em uma atividade fragmentada, constantemente mediada pelo medo dos conflitos emergirem — seja com os professores, entre professores e alunos, entre a família e os docentes — os sujeitos gestores se sentem **solitários**. Essa solidão, por vezes, cede ao ressentimento daqueles que muito fazem por todos na instituição e não se sentem apoiados por ninguém.

CP: *Mas aí vem um inspetor, que a função é olhar o aluno, querendo que você olhe o aluno, vem o professor, que é gestão de sala, querendo que você faça a gestão de sala, então você não consegue!* (CP relata sobre a angústia diante da multiplicidade de tarefas).

O que acontece, que faz essa CP se sentir na obrigação de ter multitarefas, mas que a faz ressentir-se desse lugar que ocupa? Além disso, especificamente sobre a equipe gestora que acompanhamos e referimos neste capítulo, havia um esforço contínuo para que se contemplassem as questões interpessoais, tanto na relação com os estudantes, quanto na relação com os professores e entre a própria equipe gestora. Contudo, existe uma linha tênue entre esse investimento nas relações interpessoais e a complacência que, muitas das vezes, era representada pelo silêncio dos integrantes da equipe diante das práticas e significações autoritárias da coordenação pedagógica e dos professores para com os alunos da instituição. Na ânsia de prezar pela qualidade das relações interpessoais entre a própria equipe, muitos conflitos também eram evitados entre os próprios gestores.

CP: *Mas enfim...*
DIRETORA: **Vamos tomar um chazinho que esse é um assunto difícil...** (A diretora buscava formas de apaziguar as falas da CP que antecederam esse diálogo).

No trecho acima, a diretora sugere que desviemos o foco da discussão que acontecia no encontro, diante de um posicionamento da CP bastante agressivo em relação às queixas que verbalizava na relação com a família dos alunos. Aos rompantes da coordenadora, as demais integrantes da equipe gestora se permitiam apenas o silêncio. Não contestavam as falas cristalizadas e, por vezes, preconceituosas.

Quando inspirados na compreensão do filósofo Spinoza, buscamos refletir sobre os afetos tirânicos e sobre o lugar que o tirano ocupa em seus postulados sobre as afecções, e nos deparamos com as palavras de Musha e Fernandes (2020): "Afinal, só há tirania onde houver servidão voluntária" (p. 275), o que nos permite questionar: **Quanto dos afetos de padecimento que circulam nas relações que os gestores empreendem entre si e com a própria prática não têm sua origem no silenciamento diante das condutas autoritárias e violentas?**

Nesse cenário, a contradição se apresenta enquanto condição, uma vez que, prezando por formas respeitosas nas relações que empreendiam, aceitavam, entre a própria equipe e sem questionamento, outros modos de ser que não correspondiam às formas de relacionamento preconizadas no discurso da equipe gestora. Como é possível afinar a comunicação com docentes, alunos e famílias, se, entre os próprios sujeitos gestores, essa comunicação não é alinhada? Não se trata de falar tudo que se pensa e se sente a respeito de seu colega de trabalho, mas, como um coletivo se constitui como colaborativo, partilhando do sentimento de pertença ao grupo, se as singularidades desses sujeitos, suas potencialidades e suas fragilidades não são reconhecidas, verbalizadas e, então, colocadas a serviço do desenvolvimento daquele espaço? Por se avolumarem os não ditos, o **tensionamento** presente em todas as relações empreendidas pela equipe gestora passa a constituir também o que se sente na interação com esses gestores.

Negociar significados é uma tarefa que exige tempo, espaços dialógicos e investimento permanente. Para os gestores, que travam essa luta de negociação das significações com todos os demais sujeitos da comunidade e entre si, cotidianamente, se torna ainda mais evidente a urgência da garantia de espaços dialógicos que favoreçam a reflexão e ressignificação das relações interpessoais que estabelecem no dia a dia escolar.

> CP: Tem as gratificações também, como, por exemplo, uma mãe que nos agradeceu por resolvermos uma questão trazida pela família. Pra mim, isso é gestão! E, também, somado às ações mais burocráticas como a prestação de contas, fazer reuniões com os professores... (A CP conta do que entendia como aspecto positivo no cargo que ocupava).

Um lugar solitário, a um só tempo poderoso e gratificante que constitui o sujeito gestor, aquele que sente e vive todas as contradições que a função gestora lhe incumbe. E, que, apesar de todos os atropelamentos que vivencia, dos incêndios com que, cotidianamente, tem de lidar, entende a potência de suas mínimas ações na instituição escolar e de quanto elas podem transformar os sujeitos que passam por eles.

> CP: **A escola é sua cara**, a escola é a cara do gestor... Todo aluno passa por você; você tendo as indiferenças ou não, ele passa por você. (CP conta sobre o quanto reconhece a importância de sua função na escola).

Algumas considerações: a aposta no vir a ser

Quando nos comprometemos a tomar as lentes do materialismo histórico-dialético e, especialmente, os pressupostos teórico-metodológicos preconizados por Vygotsky, para ampliar a compreensão acerca das relações interpessoais que configuram o espaço escolar e os afetos que sustentam as práticas de uma equipe gestora; partimos da máxima de que o cenário escolar está para além da estaticidade, se estrutura com sujeitos vivenciando, permanentemente, um dinâmico processo de vir a ser. Trata-se de assumir uma postura que tem como horizonte a fomentação de práticas no momento presente que possibilitem aos sujeitos e às instituições virem a ser o que ainda não está dado em seus fazeres cotidianos; práticas que apostem em seu vir a ser.

Isto posto, podemos avançar na compreensão acerca das contribuições da ciência Psicologia à Educação. Com uma história marcada por uma cumplicidade ideológica que, por muitas vezes, fez negar a complexidade e heterogeneidade do espaço que é a escola, faz-se imprescindível garantir que a questão das relações interpessoais e dos afetos não se configure como mais uma contribuição com vistas à biologização de aspectos forjados socialmente.

A formação de CP e outros profissionais da gestão e da escola, que pode ser realizada por formadores pedagogos e psicólogos, deve partir da necessidade de conferir espaços de pausa reflexiva na escola, capazes de possibilitar a ressignificação das relações empreendidas e dos afetos que configuram essas relações. E, especificamente aos gestores escolares, possibilitar que emerja o sujeito que sente e vive todas as contradições que a função lhe incumbe.

Ao compreendermos que as práticas de coordenadores pedagógicos, diretores e vice-diretores estão norteadas por múltiplas camadas de complexidade e um emaranhado de afetos mediadores das relações empreendidas, nos alçamos ao pensamento crítico e reflexivo que compete às relações escolares. São tantos os cenários vividos por esses gestores — nos quais suas decisões é que devem nortear a resolução dos conflitos cotidianos na escola tanto — quanto são os lugares de incertezas que esses profissionais circulam. A tomada de consciência acerca da própria prática precisa ocorrer nos poucos intervalos dos incêndios e tensionamentos que marcam seu cotidiano de trabalho.

Entretanto, percebe-se que, ao compartilharem o que e quais tipos de situações são paralisantes à equipe, quais são as prioridades pedagógicas e da comunidade que os cercam, a equipe pode avançar na compreensão do sentimento de solidariedade e dar os primeiros passos à possibilidade de estabelecerem entre si, e nas relações empreendidas no espaço escolar, o sentido de coletividade. Nesse movimento, os sujeitos gestores podem **passar a compartilhar entre si as significações** que constituem o espaço escolar e a própria equipe, **condição *sine qua non* à promoção do sentimento de pertencimento e/ou de formação de grupo e coletivos.**

Um trabalho que envolva pensar, discutir e ressignificar as relações interpessoais e seus afetos na escola precisa estar a serviço do fortalecimento do coletivo escolar, que tenha como horizonte a sustentação de práticas democráticas e garantidoras do pleno processo de apropriação da cultura humana que se edifica, no decorrer da grande História, pelas relações empreendidas pelos sujeitos que pensam, sentem e agem, a um só tempo. E no caso do capítulo aqui proposto, contribuir para o trabalho da coordenação pedagógica.

Referências

AGUIAR, W. M. J. & MACHADO, V. C. Psicologia Sócio-histórica como fundamento para a compreensão das significações da atividade docente. In: *Estudos de Psicologia* (Campinas), 2016, 33(2), 261-270. Disponível em: <https://dx.doi.org/10.1590/1982-02752016000200008>.

AGUIAR, W. M. J., BOCK A. M. B. & OZELLA S. A orientação profissional com adolescentes: um exemplo de prática na abordagem sócio-histórica. In: BOCK, A. M. B.; GONÇALVES, M. G. M. & FURTADO, O. (orgs.) *Psicologia sócio-histórica: uma perspectiva crítica em psicologia*, 4. ed., 163-178. São Paulo: Cortez, 2001.

ALMEIDA, L. R. Relações interpessoais potencializadoras do trabalho colaborativo na formação de professores. In: ALMEIDA, L. R.; PLACCO, V. M. N. S. *O coordenador pedagógico e o trabalho colaborativo na escola*. São Paulo: Loyola, 2016.

ALMEIDA, L. R.; PLACCO, V. M. N. S. *O coordenador pedagógico e o trabalho colaborativo na escola*. São Paulo: Loyola, 2016.

_____. *O coordenador pedagógico e seus percursos formativos*. São Paulo: Loyola, 2018.

BRUNO, E. B.; ALMEIDA, L. R.; CHRISTOV, L. H. S. *O coordenador pedagógico e a formação docente*. São Paulo: Loyola, 2009.

CLOT, Y. *Trabalho e poder de agir*. Belo Horizonte: Fabrefactum. XXIV, 343p. (Série trabalho e sociedade), 2010.

DUGNANI, L. A. C. *Psicologia Escolar e práticas de gestão na escola: um estudo sobre os processos de mudanças mediados pela vontade*. 2016. 199p. Tese de Doutorado, Pontifícia Universidade Católica de Campinas. Campinas, São Paulo, 2016.

DUGNANI, L. A. C.; PETRONI, A. P.; MEDEIROS, F. P.; SOUZA, V. L. T. Equipe gestora, Projeto Político Pedagógico e Psicologia Escolar: articulações de práticas possíveis. In: MARINHO-ARAUJO, Claisy Maria; SANT'ANA, Izabella Mendes (org.). *Práticas exitosas em psicologia escolar crítica*. Campinas: Alínea, 2020, v. 2. 133-150.

DUGNANI, L. A. C.; SOUZA, V. L. T. Os sentidos do trabalho para o orientador pedagógico: contribuições da Psicologia Escolar. In: *Psicol. educ*. São Paulo, n. 33 (dez. 2011), 29-47. Disponível em: <http://pepsic.bvsalud.org/scielo.php?script=sci_arttext&pid=S1414-69752011000200003&lng=pt&nrm=iso>. Acesso em: 17 ago. 2022.

_____. Movimentos Constitutivos da Coletividade na Escola. In: ALMEIDA, L. R.; PLACCO, V. M. N. S. (org.). *O coordenador pedagógico e o trabalho colaborativo na escola*. São Paulo: Loyola, 2016. 137-160.

FAVARIN, R. N. *Queixa escolar: de que (quem) se trata? Uma proposta de intervenção do psicólogo escolar com coordenadores pedagógicos*. 2018. 193p. Dissertação de Mestrado em Psicologia, Pontifícia Universidade Católica, Campinas, São Paulo, 2018.

LEI Nº 13.935, de 11 de dezembro de 2019. Dispõe sobre a prestação de serviços de psicologia e de serviço social nas redes públicas de educação básica. Disponível em: <http://www.planalto.gov.br/ccivil_03/_ato2019-2022/2019/lei/L13935.htm>. Acesso em: 17 ago. 2022.

LIBÂNEO, J. C. Políticas educacionais no Brasil: desfiguramento da escola e do conhecimento escolar. In: *Cadernos de Pesquisa* [on-line], v. 46, n. 159 (2016), 38-62. Disponível em: <https://doi.org/10.1590/198053143572>. Acesso em: 07 jul. 2022.

MANGUEL, A. *Lendo imagens: uma história de amor e ódio*. 5. ed. São Paulo: Companhia das Letras, 2001.

MEDEIROS, F. P. *A escola como promotora de desenvolvimento humano: contribuições da Psicologia à gestão escolar*. Tese de Doutorado em Psicologia. 2022. 222p. Pontifícia Universidade Católica, Campinas, São Paulo, 2022.

MUSHA, E. H.; FERNANDES, K. C. Servidão como violência dentro dos muros da educação. In: SAWAIA, B. B.; ALBUQUERQUE, R.; BUSARELLO, F. R.; PURIN, G. T. (org.). *Afeto e violência: lugares de servidão e resistência*. Embu das Artes: Alexa Cultural, 2020.

NEVES, M. A. P. *Imaginando, pensando, agindo: movimentos de significação de adolescentes mediados pela arte*. 2020. Tese de Doutorado em Psicologia da Pontifícia Universidade Católica de Campinas, São Paulo.

PARO, V. H. Gestão democrática da escola pública. 4. ed. São Paulo: Cortez, 2016. 141p.

PETRONI, A. P. Psicologia escolar e arte: possibilidades e limites da atuação do psicólogo na promoção da ampliação da consciência de gestores. 2013. 275p. Tese de Doutorado, Pontifícia Universidade Católica, Campinas, São Paulo, 2013.

PIRES, E. D. P. B. & MORORÓ, L. P. O papel do projeto pedagógico escolar na política educacional: entre o legal e o instituível. In: Revista Tempos e espaços em Educação, v. 11, Edição Especial, n. 01 (2018), 335-350. Disponível em: Doi: <https://doi.org/10.20952/revtee.v11i01.9535>. Acesso em: 11 jun. 2022.

PLACCO, V. M. N. S. O coordenador pedagógico no confronto com o cotidiano da escola. In: PLACCO, V. M. N. S.; ALMEIDA, L. R. (org.). O coordenador pedagógico e o cotidiano da escola. São Paulo: Loyola, 2003. 47-60.

PLACCO, V. M. N. S.; ALMEIDA, L. R. O coordenador pedagógico e o cotidiano da escola. São Paulo: Loyola, 2003.

_____. O coordenador pedagógico. Provocações e possibilidades de atuação. São Paulo: Loyola, 2012.

_____. O coordenador pedagógico no espaço escolar. Articulador, formador e transformador. São Paulo: Loyola, 2015.

PLACCO, V. M. N. S.; SOUZA, V. L. T. O trabalho do coordenador pedagógico na visão de professores e diretores: contribuições à compreensão de sua identidade profissional. In: PLACCO, V. M. N. S.; ALMEIDA, L. R. O coordenador pedagógico. Provocações e possibilidades de atuação. São Paulo: Loyola, 2012.

POLITZER, G. Princípios fundamentais de filosofia. Trad. Silvio Donizete Chagas. São Paulo: Editora Moraes, 1986 [1962].

RAMOS, V. R. L. O drama do trabalho docente no Ensino Médio Público. 2020. 128p. Tese de Doutorado em Psicologia, Pontifícia Universidade Católica, Campinas, São Paulo, 2020.

SMOLKA, A. L. B.; LAPLANE, A. L. F.; MAGIOLINO, L. L. S.; DAINEZ, D. O problema da avaliação das habilidades socioemocionais como política pública: explicitando controvérsias e argumentos. In: Educação & Sociedade [on-line], v. 36, n. 130 (2015), 219-242. Disponível em: <https://doi.org/10.1590/ES0101-73302015150030>. Acesso em: 17 ago. 2022.

SOUZA, V. L. T. Art and science advancing human understanding: epistemological and methodological foundations. In: SOUZA, V. L. T. & ARINELLI,

45

G. S. (orgs.) *Qualitative Research and Social Intervention. Transformative Methodologies for Collective Context*. EUA: Springer, 2021.

SOUZA, V. L. T.; PETRONI, A. P.; DUGNANI, L. A. C. A dimensão do trabalho coletivo na escola: intervenções com a equipe gestora. In: PLACCO, V. M. N. S.; ALMEIDA, L. R. *O coordenador pedagógico no espaço escolar. Articulador, formador e transformador*. São Paulo: Loyola, 2015. 53-72.

SOUZA, V. L. T.; PLACCO, V. M. N. S. Sobre a ação reflexiva do CP: a formação como movimento de construção colaborativa. In: ALMEIDA, L. R.; PLACCO, V. M. N. S. (org.). *O coordenador Pedagógico e as relações solidárias na escola*. São Paulo: Loyola, 2021. 133-144.

VYGOTSKY, L. S. Quarta aula: a questão do meio na pedologia. Trad. Márcia Pileggi Vinha. In: *Psicologia USP*. São Paulo, 214, 2010 [1935], 681-701. Disponível em: <https://doi.org/10.1590/S0103-65642010000400003>. Acesso em: 05 mar. 2022.

Parceria colaborativa entre coordenadores pedagógicos experientes e iniciantes: ação de indução profissional

Ana Lucia Madsen Gomboeff[1]
analumadsen@gmail.com
Laurizete Ferragut Passos[2]
laurizetefer@gmail.com

Considerações iniciais

Muitas vezes, a experiência docente, mesmo que sustentada pelo caráter reflexivo e investigativo, não é suficiente para que o professor assuma a coordenação pedagógica e se sinta seguro, visto que o contexto da sala de aula não é igual ao contexto da coordenação. Essa experiência acumulada é um ponto de apoio importante para o coordenador iniciante, mas não garante que, instantaneamente, ele saiba atuar na profissão (GROPPO; ALMEIDA, 2013).

---

1. Doutora em Educação: Psicologia da Educação e Mestre em Educação: Formação de Formadores pela Pontifícia Universidade Católica de São Paulo (PUC-SP). Membro da Rede de Estudos e Pesquisas sobre Desenvolvimento Profissional Docente (Redep). Pesquisadora do Grupo de Estudos de Linguagem para Ensino de Português (Gelep). Coordenadora Pedagógica da Rede Municipal de Ensino de São Paulo.
2. Doutora em Educação. Professora e vice coordenadora do Programa de Estudos Pós-Graduados em Educação: Mestrado Profissional Formação de Formadores. Professora do Programa de Estudos Pós-Graduados em Educação-Psicologia da Educação da Pontifícia Universidade Católica de São Paulo (PUC-SP). Membro da Rede de Estudos e Pesquisas sobre Desenvolvimento Profissional Docente (Redep).

O coordenador pedagógico, durante o período de inserção profissional, que dura aproximadamente três anos (HUBERMAN, 1995), enfrenta muitos desafios em seu novo contexto de trabalho, na maioria das vezes, sem as habilidades e as competências necessárias para atuar na coordenação. Frequentemente, assume a profissão sem ter certeza das reais atribuições que deve desempenhar, visto que a legislação nem sempre é clara quanto a essas atribuições. Comumente, o coordenador tem acesso aos textos teóricos ou, ainda, recebe informações de colegas de que sua ação profissional deve voltar-se ao planejamento e ao acompanhamento do processo didático-pedagógico da escola e também à formação docente; entretanto, não sabe como desenvolver essas novas tarefas.

Para agravar a situação, diante de muitas demandas que ora são impostas pela direção, pelos professores, pelos inspetores de alunos, pela comunidade, ou, ainda, pelos órgãos externos à escola, o coordenador, muitas vezes, acaba realizando tarefas de caráter burocrático e disciplinar na maior parte do seu tempo de labuta, por não ter clareza das atribuições que deve priorizar. Dessa forma, fica perdido e inseguro e isso pode comprometer a qualidade do trabalho que realiza (GROPPO; ALMEIDA, 2013). Essa situação de incerteza das reais atribuições da coordenação, que frequentemente prevalece, compromete o reconhecimento social e o desenvolvimento profissional de quem atua na coordenação, especialmente, no início da carreira, que é uma fase específica e complexa de aprendizagem da profissão.

Soma-se, ainda, a esse cenário, dois aspectos importantes. O primeiro aspecto corresponde ao fato de, na maioria das vezes, o coordenador não ter ninguém no âmbito escolar que o apoie e o acompanhe nesse momento de inserção na profissão, visto que o isolamento profissional está muito presente na cultura escolar (PEREZ-GÓMES, 2001). O segundo aspecto relaciona-se ao fato de os programas de indução docente estarem presentes, de modo acanhado, em poucos estados e municípios brasileiros, conforme aponta André (2012), e de inexistirem para o coordenador pedagógico no nosso país.

Um programa de indução docente é um "processo abrangente, consistente e detalhado de desenvolvimento profissional — que é organizado por um distrito escolar para formar, apoiar e reter novos professores e fazê-los progredir num programa de aprendizagem ao longo da vida" (WONG, 2020, p. 3). Já quanto aos coordenadores, o que se conhece na literatura acadêmica são algumas ações de apoio e de acompanhamento, e não programas complexos e abrangentes de política pública. Essas ações consistem, muitas vezes, em iniciativas pontuais de pesquisadores que atuam junto com suas universidades[3] para subsidiar os coordenadores iniciantes em sua inserção profissional com foco no seu desenvolvimento profissional.

Em síntese, o coordenador pedagógico iniciante precisa aprender a profissão e se adequar para enfrentar situações novas que exigem tomadas de decisões rápidas, muitas vezes, sozinho e sem qualquer espécie de ajuda ou preparo prévio. Esse cenário não o ajuda em seu desenvolvimento profissional e torna o início na carreira uma fase difícil e específica — que, portanto, demanda apoio e acompanhamento.

Diante dessa problemática, este capítulo objetiva apresentar e discutir uma das ações de apoio e de acompanhamento aos coordenadores em inserção profissional, realizada por intermédio de uma pesquisa-formação[4], desenvolvida pelas autoras deste texto, na Pontifícia Universidade Católica de São Paulo (PUC-SP). No processo da pesquisa-formação foram desenvolvidas duas ações de apoio e de acompanhamento ao coordenador em início de carreira:

---

3. Exemplo disso é o trabalho desenvolvido pela Universidade Federal de Rondonópolis — MT junto à Secretaria Municipal de Educação e sob a orientação da profa. Dra. Simone Albuquerque da Rocha.

4. Parceria colaborativa e mentoria entre coordenadores pedagógicos experientes e iniciantes a partir da pesquisa-formação: possibilidades de ação de indução profissional. Disponível em: https://sapientia.pucsp.br/handle/handle/25790. Acesso em: 07 maio 2022. Essa tese vincula-se ao programa interinstitucional de pesquisas denominado "Processos de indução a professores iniciantes nas escolas públicas de educação básica: o que cabe à escola e à secretaria municipal de educação?".

a parceria colaborativa entre coordenadores pedagógicos experientes e iniciantes e a mentoria. Neste capítulo, aborda-se a primeira. Cabe destacar que essas duas ações de apoio e de acompanhamento ao coordenador pedagógico iniciante (parceria colaborativa entre coordenadores pedagógicos experientes e iniciantes e mentoria) não se constituem em um programa público de indução, mas são iniciativas que podem inspirar tal programa. Essas ações envolveram 42 profissionais que atuam na rede municipal de ensino de São Paulo (RMESP), *lócus* da pesquisa, e geraram resultados satisfatórios quanto ao apoio e ao acompanhamento aos coordenadores em inserção profissional. Parte desses resultados serão apresentados neste texto.

A pesquisa-formação e seus participantes

A pesquisa-formação, de abordagem qualitativa, baseia-se nos pressupostos da pesquisa-ação (THIOLLENT, 2011). O objetivo geral dessa pesquisa-formação foi investigar como ocorre a inserção profissional do coordenador pedagógico, a partir da parceria colaborativa entre coordenadores experientes e iniciantes e da mentoria, desenvolvida pela pesquisadora, concebidas como ações de indução.

Para alcançar esse objetivo, no segundo semestre de 2020, aconteceram, semanalmente, oito encontros formativos[5] (com cada grupo[6]). Cada encontro durou duas horas e ocorreu por meio da

---

5. Os conteúdos trabalhados nesses encontros, com exceção do primeiro e do segundo, foram escolhidos pelos participantes da pesquisa em conjunto com a pesquisadora, por meio da identificação, da análise e da priorização das necessidades formativas dos envolvidos, concebidas como problemas ou dificuldades que os profissionais enfrentam diante de novos contextos de trabalho (ESTRELA; LEITE, 1999).

6. Os participantes da pesquisa foram divididos em dois grupos: 22 participantes no grupo um (sexta-feira) e vinte participantes no grupo dois (sábado). Os professores sem experiência na coordenação puderam escolher o grupo em que desejavam participar, de acordo com sua disponibilidade. Os coordenadores com

plataforma digital *Google Meet*, devido ao distanciamento social exigido pela pandemia de COVID-19.

Aceitaram participar dessa pesquisa-formação 42 profissionais que atuam na rede municipal de ensino de São Paulo (RMESP). Em 2020, dezessete eram coordenadores designados, ou seja, professores que substituíam um coordenador efetivo, que estavam aprovados no concurso de coordenação[7] e que, dessa forma, aguardavam a chamada para efetivação no cargo e não somavam três anos de experiência na coordenação. Esses dezessete participantes, apesar de ainda estarem vivendo sua inserção profissional, segundo Huberman (1995), foram, nessa pesquisa-formação, considerados coordenadores pedagógicos experientes, porque já atuavam na coordenação pedagógica. Os demais participantes, na época, eram 25 docentes que continuavam atuando na sala de aula e não tinham experiência na coordenação. Como os do primeiro grupo, também foram aprovados no concurso público para o cargo de coordenador e, igualmente, aguardavam a chamada do concurso. Esses 25 participantes foram considerados coordenadores iniciantes.

Na RMESP, para que o professor assuma a coordenação, é necessário exercer a docência por, no mínimo, três anos, ser licenciado em Pedagogia e ter sido aprovado em concurso público para esse cargo. Nessa situação, o docente pode se tornar coordenador designado ou efetivo. Na designação, o professor que deseja substituir um coordenador efetivo afastado, enquanto aguarda a chamada do concurso, apresenta uma proposta de trabalho para o conselho de escola que, se aceita, permite-lhe assumir a função de coordenador temporariamente. A efetivação ocorre somente depois da chamada do concurso, do exame médico e da posse no cargo.

---

experiência na coordenação foram divididos nos dois grupos de modo equilibrado, após consulta individual, com a intencionalidade de garantir a interação entre eles.

7. Esse concurso de coordenador na RMESP ocorreu em 2019. A chamada para efetivação no cargo aconteceu somente em 2021, em decorrência da pandemia.

Para produzir dados, considerou-se como material de análise a transcrição dos dezesseis encontros formativos, incluindo o conteúdo do *Chat*, o questionário e, ainda, dois grupos de discussão[8]. Além disso, em 2021, aconteceram muitas conversas e trocas espontâneas pelo *WhatsApp*, que legitimam a parceria entre coordenadores experientes e iniciantes, e que foram utilizadas também, com autorização dos participantes da pesquisa. A análise dos dados teve inspiração na Análise de Prosa (ANDRÉ, 1983).

Desses 42 participantes da pesquisa, 39 profissionais se reconhecem do gênero feminino e três do sexo masculino. Catorze profissionais possuem de três a dez anos de atuação na docência e 28, atuam há mais de dez anos como professores. Assim, todos conhecem o funcionamento e as características da RMESP. Formaram-se em Pedagogia 24 participantes; oito em Letras; três em Ciências; dois em Geografia; dois em Educação Física; um formou-se em História; um em Arte e um em Psicologia. Cabe destacar que, em 2019, o Ministério da Educação, por meio da Resolução16 CNE/CP n° 2/ 2019, retirou, com exceção do curso de Pedagogia, a gestão escolar da formação inicial docente. Essa ausência dos estudos acerca da gestão escolar, possivelmente, é um dos aspectos que contribui para que o coordenador pedagógico não tenha uma formação consistente.

---

8. O primeiro grupo de discussão, Grupo A, composto por seis coordenadores experientes, aconteceu sete meses depois do término dos encontros formativos (junho de 2021), com o intuito de compreender se e como a parceria colaborativa entre coordenadores pedagógicos experientes e iniciantes desenvolvida durante os encontros formativos reverberou na prática desses profissionais. O segundo grupo de discussão, Grupo B, constituído por cinco profissionais que não tinham experiência na coordenação pedagógica quando participaram dos encontros formativos, aconteceu oito meses depois do término dos encontros formativos (julho de 2021). Esse prazo foi intencional. Esses profissionais assumiram a coordenação em abril de 2021, e, quando participaram do grupo de discussão, tinham, aproximadamente, três meses de experiência na coordenação pedagógica. Esse grupo de discussão teve como finalidade a produção de dados para que fosse possível investigar como ocorreu a inserção profissional desses profissionais após participarem da pesquisa-formação.

A parceria colaborativa

No campo educacional, especificamente, na formação inicial ou continuada, parceria e colaboração podem ser concebidas como sinônimos, segundo Foerste (2005, p. 37-38), desde que se caracterizem por "relações entre diferentes sujeitos e instituições (governo, universidades, escolas, sindicatos, profissionais do ensino em geral), que passam a estabelecer interações para tratar de interesses comuns" em prol da qualidade do ensino. Trata-se de um trabalho conjunto a partir de objetivos negociados pelo coletivo, dentro de uma relação respeitosa de paridade, que, na maioria das vezes, gera confiança recíproca para trocar ideias e experiências e também liderança alternada. Essa parceria lança luz sobre a problemática do poder unilateral, à medida que partilha poderes, e expressa relações mais horizontais e dialógicas. É uma prática de cogestão que se ancora nos princípios da democracia (FOERSTE, 2005, p. 70).

Apesar de ser um conceito ainda em construção, que tem significados diversos e que precisa ser mais investigado no meio acadêmico, a parceria colaborativa é um novo paradigma na formação porque vai na contramão de formações elaboradas unicamente por técnicos ou acadêmicos sem a participação dos formandos e porque foge da mera transmissão de técnicas de ensino na formação. Baseia-se na reflexão compartilhada em que há abertura para que as percepções, crenças e práticas dos profissionais de diferentes segmentos possam ser objeto de reflexão coletiva nos processos formativos, implicando a participação dos envolvidos no compartilhamento de decisões acerca do planejamento e desenvolvimento da ação formativa (FOERSTE, 2005).

Essa parceria, de acordo com o autor, valoriza o saber-ensinar e procura articular os conteúdos da formação com o contexto de trabalho do professor, por meio de uma base teórica convergente e da construção de competências relacionadas à atuação desse profissional. Essas competências constroem-se e reconstroem-se dentro de uma ação interativa e investigativa entre os profissionais envolvidos nessa parceria. Assim, há articulação entre saberes teóricos e saberes da experiência e o reconhecimento da escola como espaço de formação — o que põe em evidência a importância da interação entre professores veteranos e iniciantes, dentro de uma relação não hierarquizada, para o aprimoramento da prática dos primeiros e a aprendizagem da profissão para os novatos.

A parceria colaborativa entre coordenadores pedagógicos experientes e iniciantes como ação de indução profissional

Nessa seção, apresenta-se a ação de apoio e de acompanhamento voltada para indução de coordenadores pedagógicos em início de carreira, baseada na parceria colaborativa entre coordenadores experientes e iniciantes, que provocou mudança de postura nesses profissionais a partir da ressignificação deles sobre seu papel.

De modo geral, os coordenadores carregam algumas imagens de si mesmo como a de tarefeiro e a de bombeiro (PLACCO; SOUZA, 2012). Isso evidencia a dimensão das inúmeras demandas que, geralmente, são atribuídas a esse profissional e, muitas vezes, assumidas por ele cotidianamente por ter receio de dizer "não". Contrário a essa situação, ao perguntar aos coordenadores experientes se o que pensavam sobre o papel do coordenador antes dos encontros formativos, em que se estabeleceu parceria colaborativa entre experientes e iniciantes, mudou, foram obtidas as seguintes respostas:

> Um ponto que levantamos na formação foi sobre o coordenador ser o "faz-tudo". [...] Ficou bem claro que nosso papel não é esse. (Blue Moon[9], G2, questionário)
>
> Participar dos encontros ampliou a visão e fez reconhecer a tamanha responsabilidade e o que de fato são as atribuições do coordenador. Em meio às tantas responsabilidades, é bom

---

9. Para preservar a identidade dos participantes da pesquisa, foram utilizados nomes fictícios e escolhido nomes de pedras e metais preciosos.

entender que o coordenador não é um "faz-tudo". (Pérola de Água Salgada, G2, questionário)

Essas participantes reconhecem que o coordenador não é um "faz-tudo". Esse reconhecimento também aparece nos depoimentos dos iniciantes:

Antes dos encontros, tinha uma visão distorcida da função do coordenador. Talvez, por conta dos exemplos equivocados que tive. Nessa percepção, o trabalho do coordenador era muito burocrático. (Estrela da China, G1, questionário)

O que mais me amedrontava na ideia de assumir o cargo é ter atribuições excessivas na função, sendo um "faz-tudo" como via o coordenador ser na escola. Na nossa formação, foi ficando bem claro as atividades pertinentes ao cargo. Foi mudando meu olhar e me deixando mais tranquila. (Rubi Orissa Estrela, G1, questionário)

Pensando sobre os coordenadores que tive até o momento, pensava que o papel do coordenador era "apagar incêndios" e passar boa parte do tempo resolvendo questões de indisciplinas e atendendo as famílias. (Pérola Akoya, G1, questionário)

Essas participantes da pesquisa garantem que, ao presenciarem, como professoras, muitas vezes, o coordenador realizando um trabalho meramente burocrático ou estando sobrecarregado, construíram uma ideia equivocada do papel desse profissional.

Vygotsky (2000), quando se refere ao comportamento fossilizado, explica que esse fenômeno corresponde à visão cristalizada e automatizada da realidade gerada pelos processos históricos. Para o autor, a ausência de reflexão crítica acerca de como o fenômeno se tornou fossilizado e o que o afetou para que se constituísse assim, impossibilita a mudança. Ao desenvolver a parceria colaborativa entre coordenadores experientes e iniciantes, durante os encontros formativos, discutiu-se criticamente, de modo respeitoso e sem hierarquia entre os pares, as atribuições do coordenador, com ênfase nas possibilidades de atuação desse profissional, diante das dúvidas e situações vividas e socializadas pelos envolvidos, que, por sua vez, sentiram confiança para compartilhá-las, conforme exemplifica este diálogo:

> *Eles [professores] não se bicam, e um fica levando para o coordenador o defeito do outro. Eles acabam um apontando o trabalho do outro. Como o coordenador pode agir nesse momento?* (Diamante vermelho, E6, G1)
>
> *Eu não dou abertura para isso. Quando um professor vem me falar algo do outro, eu chamo o outro e conversamos os três para resolver o problema. Eu vou mediar essa conversa, mas nós vamos conversar juntos. Mostro que todos são importantes e que precisamos nos entender para trabalhar no coletivo.* (Pesquisadora, E6, G1)
>
> *Já corta pela raiz, né?* (Diamante vermelho, E6, G1)
>
> *Na hora, porque daí você delimita um espaço profissional. Às vezes, até chamo a direção para participar da conversa. Se o problema está no âmbito da direção, eu chamo.* (Pesquisadora, E6, G1)

Essa discussão, permeada de reflexões compartilhadas (FOERSTE, 2005), ancorada nas dúvidas, na socialização das experiências dos coordenadores e no compartilhamento de saberes dentro de um contexto colaborativo, constituiu-se instrumento legitimado de aprendizagem da prática da coordenação. Os envolvidos puderam discutir, juntos, problemas, questões ou diferenças de prática profissional com vista à melhoria do trabalho que realizam. As falas, a seguir, confirmam isso:

> *A troca de experiência com o grupo foi fundamental pra gente compreender o trabalho do coordenador.* (Rubi Orissa Estrela, G2, questionário)
>
> *[...] a troca de experiências e de materiais foi um importante elemento dessas interações [experiente-iniciante], sobretudo, porque a formação proporcionou vermos a teoria nas práticas.* (Alexandrita, G2, questionário)

As falas dessas participantes, que são iniciantes, reafirmam que os pares mais experientes podem contribuir com o processo de aprendizagem do iniciante. Segundo elas, por meio dos relatos e da reflexão deles, é possível estabelecer relação entre teoria e prática. Estes depoimentos, de duas coordenadoras experientes, referem-se também aos processos de discussão e de reflexões compartilhadas (FOERSTE, 2005):

> [...] além das reflexões teóricas, a formação foi incrível devido a sua experiência, Ana, que enriqueceu os encontros e trouxe exemplos de vivências do chão da escola. (Pérola de água doce, G2, questionário)
>
> [...] os encontros com a troca de experiências, de práticas já vividas auxiliam bastante porque fazem relação com os textos. (Pérola de Água salgada, G2, questionário)

Passos (2016, p. 168) defende que o docente deve compartilhar suas práticas e deve refletir, com base em aporte teórico, sobre elas com seus pares, considerando os desafios que advêm do contexto de trabalho. Quando isso não acontece, o professor "não consegue avançar em sua profissionalidade". Esses depoimentos confirmam que o mesmo deve ocorrer com o coordenador para que possa desenvolver-se profissionalmente e aprimorar sua prática profissional.

Serendibite, uma das participantes do grupo de discussão, sugere que acredita que pode aprender com seus pares:

> [...] é só eu trocar com os colegas que vai dar certo. Hoje, eu tenho essa sensação, esse sentimento, dessa busca de conhecimento. Os encontros são uma forma de formação profissional mesmo, de pensar noutras formas de atuar, em aprender com os pares mais avançados. (Serendibite, Devolutiva Espontânea no WhatsApp)

Estas falas também trazem indícios de que há crença de que, juntos, os coordenadores podem se apoiar mutuamente durante a inserção profissional:

Boa tarde, me deem uma ajuda. O que fazer com o caso de uma criança que tem muitos piolhos? Posso fazer um encaminhamento ao pediatra para pediculose? É melhor entrar em contato com a família ou pedir que o responsável venha na escola? (Serendibite, Devolutiva Espontânea no *WhatsApp*)
Olá! Lá onde eu trabalho, chamamos o responsável, pede-se que leve ao pediatra, farmácia, até indicam algo para acabar com piolhos, mas é a AD (assistente de direção) que faz isso lá. Eu imprimo um bilhete sobre piolho, desses da Internet, e envio a todos do Fund. I. (Diamante rosa — Pink Star, Devolutiva Espontânea no *WhatsApp*)
Tenho uma circular sobre piolhos que envio para as famílias. (Ouro, Devolutiva Espontânea no *WhatsApp*)
[Ouro compartilha a circular com o grupo].

Em 2021, Serendibite, coordenadora experiente, depara-se com o caso de uma criança com piolhos, fica em dúvida quanto ao encaminhamento mais adequado para essa situação e pede orientação aos demais coordenadores por meio do *WhatsApp*. Diamante rosa — Pink Star, coordenadora iniciante, espontaneamente, narra a experiência que, recentemente, viveu na escola onde trabalha, para apoiar Serendibite. Ouro, coordenador experiente, disponibiliza uma circular que utiliza para orientar as famílias sobre piolhos.

Essa situação evidencia a presença da parceria colaborativa entre experientes e iniciantes. Nesse contexto, pelo *WhatsApp*, os coordenadores, independentemente de serem iniciantes ou experientes, manifestam-se e colaboram com o colega, demonstrando partilha do compromisso (FOERSTE, 2005).

O autor garante que a parceria colaborativa refere-se às relações entre diferentes pessoas ou instituições que interagem para tratar de interesses comuns, compartilhando objetivos e responsabilidades. O interesse comum entre os coordenadores consiste em não enfrentar os desafios da inserção profissional sozinhos. Nessa perspectiva, compartilham o objetivo de se ajudar mutuamente para aprender como agir de forma mais assertiva diante das situações cotidianas.

O fato de os coordenadores se manifestarem no grupo de *WhatsApp*, dialogando e interagindo para se apoiar mutuamente durante a inserção profissional, traz indícios de que há colaboração profissional entre os envolvidos, e de que essa colaboração não aconteceu por imposição, mas sim pela iniciativa deles de trabalharem juntos como uma comunidade de aprendizagem (FERREIRA; FLORES, 2012).

Essa ajuda mútua espontânea ocorre porque os envolvidos tomam iniciativas juntos, mostrando-se comprometidos a ajudar e a aprender uns com os outros, indicando um provável profissionalismo colaborativo, já que, comumente, os participantes da pesquisa procuram seus pares diante das dúvidas, ao invés dos órgão administrativos (Diretoria Regional de Educação), revelando que têm mais independência desses órgãos e menos independência uns dos outros, formando uma rede de apoio mútuo (HARGREAVES; O'CONNOR, 2018). As respostas a seguir, dadas pelos coordenadores experientes, indicam mudança de significação acerca do papel do coordenador:

> *Os encontros permitiram ver uma dimensão mais profunda das atribuições do coordenador que são primordiais como: a formação docente e o acompanhamento das aprendizagens.* (Hope Spinel, G1, questionário)
>
> *Ao longo dos nossos encontros, fomos lendo/teorizando e refletindo sobre o real papel do coordenador numa perspectiva dialógica, na qual é notório que o mesmo exerce um papel importantíssimo no cotidiano da escola.* (Ródio, G1, questionário)

Esses participantes demonstram que compreenderam a relevância do trabalho do coordenador e declaram que a atuação desse profissional deve envolver o planejamento e a articulação das questões pedagógicas voltados para a formação docente e para o acompanhamento das aprendizagens dos alunos, o que demanda trabalho coletivo. Esse movimento também acontece com estas coordenadoras iniciantes:

> Esse encontro [das atribuições do coordenador] foi marcante. Em alguns momentos, eu sinto que eu já consigo perceber o que é meu. Tem hora que mistura, mas tem hora que eu penso assim: "não, eu tenho que focar na formação, no acompanhamento, nos registros, nessa questão de não deixar passar o momento de me aproximar da prática do professor". (Safira azul-escuro, GD-B)
>
> [...] se eu não tivesse participado dos encontros, eu entraria [na coordenação] sem saber realmente o que é do coordenador. Só ler o material sobre o que o coordenador deve fazer não é suficiente, não traz clareza. (Safira Logan, GD-B)
>
> Então, entrar na coordenação só com o referencial teórico não basta. Agora, entrar com essa formação que a gente está tendo aqui, que está sendo muito rica, que traz a parte da experiência, ou seja, como que essa teoria é aplicada na prática, faz toda diferença. (Oppenheimer Blue Diamond, E7, G2)

Segundo essas falas, discutir e refletir, coletivamente, sobre as atribuições do coordenador fez com que essas coordenadoras iniciantes tivessem cuidado para não se perder nas demandas impostas a elas e que, assim, priorizassem a formação docente e o acompanhamento pedagógico dos registros e da prática docente.

Safira Logan e Oppenheimer Blue Diamond afirmam que somente ler o material teórico sobre o que o coordenador deve fazer não é suficiente para assumir o cargo. Elas percebem que se preparar para coordenar não pode ser um movimento solitário, com cada um recluso em seus livros (GROPPO; ALMEIDA, 2013). Demonstram compreender e ressaltam a importância da articulação entre teoria e prática. As respostas, a seguir, dadas por coordenadores experientes, evidenciam a intenção de mudança na atuação profissional diante da compreensão do real papel do coordenador:

> As formações [da pesquisa-formação] me provocaram a refletir sobre a importância de priorizar as demandas formativas. (Pérola de água doce, G2, questionário)
>
> [...] com as formações, pude compreender que muitas dessas funções burocráticas que eu acreditava ser do coordenador, como

> *conferência e entrega de livros didáticos, atendimento de telefone e cuidado com os aparelhos eletrônicos (patrimônio), não o são e, que realizá-las em detrimento do pedagógico, tende a prejudicar o trabalho pedagógico.* (Diamante Original de Wittelsbach, G2, questionário)
>
> *Conhecer as atribuições de cada um no que diz respeito à gestão me deu mais propriedade para dizer "não", e focar nas minhas principais atribuições: a formação do grupo docente e o acompanhamento das aprendizagens.* (Larimar, G1, questionário)

Essas coordenadoras reconhecem que precisam priorizar as demandas pedagógicas, e que a não priorização dessas demandas acarreta prejuízo à dimensão pedagógica do trabalho na escola. Para empreender essa priorização no trabalho, declaram que aprenderam que precisam dizer "não".

Diamante vermelho (G1, questionário), coordenadora iniciante, complementa que: "*a ideia de 'bombeiro' pode ser desconstruída pelo próprio coordenador, junto ao grupo de profissionais da escola, quando ele mesmo tem clareza de suas atribuições*". Entretanto, segundo Bruno (2003), a verbalização das nossas concepções não garante que nossa prática seja coerente a elas. Nessa direção, Serendibite, coordenadora experiente, revela que a mudança da sua prática não permaneceu apenas na verbalização das suas concepções:

> *[...] em 2020, aceitei o desafio de ser CP para experimentar, já que havia passado no concurso. Foi um ano de muitos desafios, principalmente, devido à pandemia e à falta de orientações claras da SME; somou-se a isso minha inexperiência [...] com os nossos encontros, percebi que muitas funções não eram do meu escopo, e que essa sobrecarga de trabalho me deixava exausta a ponto de pensar em não assumir o concurso público. Não consegui me desvencilhar de todos os afazeres, devido ao número reduzido de funcionários, mas tive uma conversa com a direção, para explicar que ajudaria com esse dia a dia atarefado, mas que iria privilegiar as minhas funções.* (Serendibite, G2, questionário)

> *[...] eu cheguei para conversar com a gestão, né? [...] Pontuei para ela que não dava para eu ficar com tudo, né? Que eu precisava focar nas questões pedagógicas, até porque a gente estava vivendo algo novo [em 2020], algo que a gente nem sabia [pandemia]. A normativa da prefeitura dizia: "Procurem meios tecnológicos grátis e toquem aí o ensino remoto". Então, isso demandava muita organização, tanto dos professores quanto minha e aí, depois dessa conversa, eu acho que o trabalho fluiu, porque aí a gente dividiu de verdade os afazeres, né? Conjuntamente, uma dava força para a outra. A gente começou a trilhar um caminho, apoiadas no nosso projeto político-pedagógico, né?* (Serendibite, GD-A)

Serendibite afirma ter compreendido que realizava muitas tarefas que não eram suas. Garante que não conseguiu se desvencilhar de todo trabalho que não lhe pertencia, devido ao número reduzido de funcionários, mas que conseguiu privilegiar sua função. Por meio do diálogo com a direção escolar, conseguiu estabelecer uma forma de trabalho mais articulada com a diretora para desenvolver o projeto político-pedagógico da escola em 2020. Essa articulação revela que a parceria colaborativa entre experientes e iniciantes afetou a forma de se ver profissionalmente dessa coordenadora. Este diálogo legitima a mudança de significação dos coordenadores experientes sobre o papel do coordenador:

> *[...] sobre as atribuições do coordenador, [...] Aprendi que é preciso se colocar como coordenadora, e já usei muito das falas quanto ao que é minha atribuição e o que não é. Vi que dizer "não" é muito importante. [...] Essa semana, eu me senti muito potente. O diretor veio pra me dar um serviço, e aí eu falei: "Opa, isso não é minha atribuição, é atribuição da equipe gestora". Então, eu me senti potente de mostrar para ele a instrução normativa de uma coisa que ele queria que eu fizesse e que era de todos da equipe. [...] Então, eu acho que esse dizer "não" e mostrar que a gente sabe o que é nosso ou o que não é só nosso, esse se colocar, para mim, foi o mais significativo.* (Larimar, GD-A)

[...] Conhecer, realmente, qual é a atribuição, não só a nossa atribuição como coordenador, mas a atribuição, por exemplo, do AVE (Auxiliar de Vida escolar) e a atribuição dos estagiários que vão trabalhar comigo como professora, atribuição do pessoal da secretaria, que, muitas vezes, tanto o professor como o coordenador, acha que é obrigação deles fazer tal coisa, e não é. De repente, é do AD (assistente de direção), e é o AD que não estava fazendo o papel dele. A Ana trouxe isso para a gente. Quando a gente trazia um questionamento, ela vinha com a lei e apresentava para a gente quem era o responsável por aquilo. Isso me abriu os olhos também. (Turmalina Paraíba, GD-A)

Eu consigo filtrar muita coisa que é do meu trabalho agora depois da formação. Eu chego agora e faço um quadro lá na lousa do que eu tenho que fazer e consigo me organizar melhor. (Ouro, GD-A)

Placco e Souza (2012, p. 13), ancoradas em Dubar (1997), defendem que "a imagem que o profissional faz de si interfere sobremaneira em suas ações". Afirmam que as formas identitárias se refazem continuamente e dependem da tensão que há entre a imagem profissional que os outros têm de nós, e, consequentemente, do que demandam para nós com base nessa imagem, e, por outro lado, na imagem profissional que nós temos de nós mesmos que nos faz aceitar ou recusar as demandas impostas pelos outros.

Quando Larimar afirma que é preciso se colocar como coordenadora, demonstra ter assumido uma postura e ter incorporado uma significação sobre seu papel na coordenação para estruturar seu trabalho de acordo com essa significação. Ao fazer isso, sente-se mais potente porque consegue dialogar e instituir uma imagem profissional, contrária à de um solucionador de problemas incondicional (PLACCO; SOUZA, 2012), na relação com o outro, delimitando suas atribuições.

Essas falas indicam que os coordenadores experientes refletiram sobre o significado e a organização do trabalho deles, fazendo com que questionassem aspectos relacionados a sua função e as suas atribuições. A sensação de conseguir organizar o trabalho e os sentimentos de mais confiança e segurança ao atuar na coordenação são indícios das contribuições da parceria colaborativa entre experientes e iniciantes.

Pode-se afirmar, diante dos dados, que os coordenadores experientes viveram um processo de desenvolvimento profissional, já que, segundo Day (2001), esse processo não se limita apenas ao investimento na carreira, mas está ligado a como o profissional aplica esse investimento em sua prática, transformando-a a partir da reflexão acerca de seus pensamentos e de seu contexto de trabalho. Estas falas revelam como Safira Logan e Safira Padparadscha, coordenadoras iniciantes, têm descontruído a imagem de coordenador "bombeiro" em suas escolas:

> *Na escola em que eu cheguei quiseram já me dar a função de administrador do SGP. Aí eu falei: "Não, não é minha função". Até hoje está meio perdido isso lá. Não sei com quem vai ficar, mas eu me posicionei que não é meu, que na coordenação já tem muita coisa pra cuidar e que senão eu não consigo fazer o que é meu, que é o pedagógico, né? Esse dia foi importante e o que me ajudou bastante é que foi muito conversado nos encontros sobre as funções do coordenador e sobre o que ele tem que priorizar. Eu gostei muito e acho que ajudou muito.* (Safira Logan, GD-B)
>
> *[...] eu tive que sentar essa semana com a diretora e com a assistente de direção e mostrar para elas que todos nós temos atribuições no SGP porque elas não sabiam. Eu fui passar uma informação que eu recebi na reunião sobre a alimentação do sistema. Foi orientado que o AD fizesse essa alimentação em caso de não ter professor regente, nem módulo e elas não entenderam. Elas acharam que eu queria empurrar uma atribuição que era minha para elas, né? O pessoal lá, pelo menos na minha unidade, pensa que o SGP é completamente responsabilidade do CP. Aí, eu tive que pegar o material e mostrar a atribuição de cada um, né?* (Safira Padparadscha, GD-B)

Na escola, o coordenador relaciona-se com muitas pessoas, com vistas à ação formativa, e, ao se relacionar, esse profissional dissemina suas concepções, afetando os outros e sendo continuamente afetado por todos. Assim, quando o coordenador tem a oportunidade de passar por um percurso reflexivo sobre sua condição profissional, sente-se mais preparado para defender a concepção que assumiu como coordenador e isso reflete em suas ações a ponto dele se posicionar, negando atribuições que não são suas, como fizeram Safira Logan e Safira Padparadscha. Nesse percurso reflexivo, os envolvidos puderam viver um sentimento maior, como indica este fragmento de diálogo:

> *Mesmo ouvindo várias opiniões, [...] como as pessoas foram respeitosas, como a Ana foi respeitosa. [...] Esse respeito ocorreu em todos os encontros, então, a relação não poderia ter sido melhor na minha opinião. As colegas aqui do grupo, parece que eu sou colega delas. Parece que eu conheço vocês há anos. Eu vejo as fotos de vocês aqui na tela e parece que, assim, é uma identificação mesmo que eu tenho. É um respeito muito grande que me ocorreu nesse período. O Ouro mesmo parece que o Ouro é aqui meu vizinho. O Ouro é uma pessoa agradabilíssima, não desmerecendo a Orange — diamante laranja, a Serendibite, a Hope Spinel, a Larimar que estão aqui com a gente. Mas assim, foi de um respeito magnífico.* (Turmalina Paraíba, GD-A)
> *[...] parece que a gente é parceiro faz tempo. Formamos uma equipe e discutimos as nossas demandas, as nossas angústias.* (Ouro, GD-A)
> *[...] Eu senti uma generosidade no grupo como um todo. O que a Larimar falou: "ajuda mútua", é isso que eu senti também. Apesar da distância, da gente não se conhecer pessoalmente, essa troca, essa generosidade esteve sempre presente, e foi fundamental.* (Orange — diamante laranja, GD-A)

Essas falas nos ajudam a compreender o que esses participantes concebem como parceria. Para eles, a parceria é um meio de buscar juntos, com generosidade e ajuda mútua, melhores alternativas para enfrentar as demandas relacionadas ao trabalho do coordenador, para aliviar suas angústias e para sanar suas dúvidas.

Considerações finais

Neste texto, uma ação de apoio e de acompanhamento voltada para indução de coordenadores em inserção profissional foi apresentada. Essa ação exemplifica um pouco do que a universidade, em parceria colaborativa com os coordenadores, ou, então, esses próprios profissionais podem realizar em prol do seu desenvolvimento profissional. Trata-se de uma forma de luta com o coordenador pedagógico pelo seu desenvolvimento profissional e pela educação de qualidade. Essa luta faz-se necessária diante da precarização da educação pública, ainda mais evidenciada na pandemia, que pode abrir espaço para a gestão privada da escola pública (FRIGOTTO, 2016).

Espera-se que a experiência relatada e analisada neste capítulo possa estimular outros pesquisadores a realizar novas pesquisas-formação voltadas para a parceria colaborativa como ação de indução profissional levando outros coordenadores a refletir sobre sua prática, a fim de transformá-la. Deseja-se que os responsáveis pelos órgãos centrais da educação sejam sensibilizados acerca da necessidade das ações de indução.

Referências

ANDRÉ, M. E. D. A. de. Texto, contexto e significado: algumas questões na análise de dados qualitativos. In: *Cadernos de Pesquisa*. São Paulo, v. 45, 1983, 66-71. Disponível em: <http://publicacoes.fcc.org.br/ojs/index.php/cp/article/view/1491/1485>. Acesso em: 10 dez. 2020.

_____. Políticas e Programas de Apoio aos Professores Iniciantes no Brasil. In: *Cadernos de Pesquisa*. São Paulo, v. 42, n. 145 (2012), 112-129. Disponível em: <https://www.scielo.br/scielo.php?pid=S0100-15742012000100008&script=sci_abstract &tlng =pt>. Acesso em: 12 abr. 2021.

BRUNO, E. B. G. Tornar-se professora coordenadora pedagógica na escola pública. In: ALMEIDA, L. R. de; PLACCO, V. M. N. S. (org.). *O coordenador pedagógico e o espaço da mudança*. São Paulo: Loyola, 2003. 81-86.

DAY, C. Compreender o desenvolvimento profissional dos professores. Experiência, saber-fazer profissional e competência. In: Id. *Desenvolvimento Profissional de Professores: os desafios da aprendizagem permanente*. Porto: Porto Editora, 2001. 85-114.

DUBAR, C. *Para uma teoria sociológica da identidade*. Porto: Porto Editora, 1997.

FERREIRA, F. I.; FLORES, M. A. Repensar o sentido de comunidade de aprendizagem: contributos para uma concepção democrática emancipatória. In: FLORES, M. A.; FERREIRA, F. I. *Currículo e comunidades de aprendizagem: desafios e perspectivas*. Santo Tirso: De Facto Editores, 2012. 201-248.

FOERSTE, E. *Parceria na formação de professores*. São Paulo: Cortez, 2005.

FRIGOTTO, G. "Escola sem Partido": Imposição da mordaça aos educadores. In: *e-Mosaicos*, Rio de Janeiro, v. 5, n. 9 (2016), 11-13. Disponível em: <file:///C:/Users/Note/AppData/Local/Temp/24722-77780-1-PB-1.pdf>. Acesso em: 14 nov. 2021.

GROPPO, C.; ALMEIDA, L. R. de. Passagem de professor a professor coordenador: o choque com a realidade. In: ALMEIDA, L. R. de; PLACCO, V. M. N. S. (org.). *O coordenador pedagógico e a formação centrada na escola*. São Paulo: Loyola, 2013. 93-107.

HARGREAVES, A.; O'CONNOR, M. T. *Collaborative professionalism: when teaching together means learning for all*. Califórnia: SAGE Publications, 2018.

HUBERMAN, M. O Ciclo de vida profissional dos professores. In: NÓVOA, A. (org.). *Vidas de professores*. Portugal: Porto Editora, 1995. 31-61.

PASSOS, L. F. Práticas formativas em grupos colaborativos. In: ANDRÉ, Marli (org.). *Práticas inovadoras na formação de professores*. Campinas: Papirus, 2016. 165-188.

PÉREZ-GÓMEZ, A. I. *A Cultura Escolar na sociedade neoliberal*. Trad. Ernani Rosa. Porto Alegre: Artmed Editora, 2001.

PLACCO, V. M. N. S.; SOUZA, V. L. T. O trabalho do coordenador pedagógico na visão de professores e diretores: contribuições à compreensão de sua identidade profissional. In: PLACCO, V. M. N. S.; ALMEIDA, L. R. (org.). *O coordenador pedagógico: provocações e possibilidades de atuação*. São Paulo: Loyola, 2012. 9-20.

THIOLLENT, M. *Metodologia da Pesquisa-Ação*. São Paulo: Cortez, 2011.

VYGOTSKY. L. S. *A formação social da mente: o desenvolvimento dos processos psicológicos superiores.* São Paulo: Martins Fontes, 2000.

WONG, H. K. Programas de indução que mantêm os novos professores ensinando e melhorando. Dossiê: Formação e inserção profissional de professores iniciantes: conceitos e práticas. *Revista Eletrônica de Educação*. São Paulo, v. 14, 2020. 1-22. Disponível em: <http://www.reveduc.ufscar.br/index.php/reveduc/article/view/4139>. Acesso em: 22 abr. 2021.

A formação continuada e sua contribuição para o desenvolvimento profissional

Irinilza O. Gianesi Bellintani[1]
irinilza@uol.com.br
Antonio Carlos Caruso Ronca[2]
accronca@gmail.com

O conhecimento é um bem imaterial. É fluido, navega quase na velocidade da luz.
(Dowbor, 2020, p. 29)

Introdução

Ao refletir sobre a relação entre o desenvolvimento profissional e a formação continuada, expressos no título deste capítulo, iniciamos com uma breve menção sobre o contexto da sociedade do conhecimento. Diferente de épocas anteriores, em que predominavam outros sistemas de produção (como a terra — propriedade e posteriormente a indústria — capital), o desenvolvimento profissional assume papel fundamental para a "construção de competências e o desenvolvimento de habilidades próprias do ato de ensinar conquistadas durante a formação inicial e/ou continuada e também

---

1. Doutoranda do Programa Educação: Psicologia da Educação da Pontifícia Universidade Católica de São Paulo — PUC-SP.
2. Professor Titular da Pontifícia Universidade Católica de São Paulo — PUC-SP. Ex-Reitor da PUC-SP e ex-Presidente do Conselho Nacional de Educação.

ao longo das experiências de trabalho do professor" (GORZONI; DAVIS, 2021). Na sequência, apresentamos o conceito de desenvolvimento profissional a partir de autores reconhecidos no campo educacional relacionando esse desenvolvimento com a formação continuada, com destaque para aquela que acontece dentro da instituição educacional, ou seja, em contexto de trabalho.

A seguir, exploramos a ideia da aprendizagem para todos na escola, por meio da formação continuada em contexto de trabalho, como uma possibilidade potente para o desenvolvimento profissional dos seus integrantes.

Não podemos ignorar os intensos impactos do cenário inédito e desafiador do período que se iniciou com a pandemia. Analisamos, então, as possibilidades e limitações que impactaram a formação, considerando pesquisas e depoimentos que relatam experiências desse importante desafio que atingiu a sociedade como um todo.

Para concluir, apresentamos algumas sugestões de princípios e encaminhamentos para o desenvolvimento profissional, a partir da formação continuada.

Desenvolvimento profissional e formação continuada

Observamos, na sociedade atual, a evolução de um novo modo de produção, caracterizando-a como a sociedade da informação ou informacional, que se apresenta como uma nova era, a do conhecimento. Que impactos a assim chamada sociedade do conhecimento traz para as formas de organização e convivência nos diferentes setores da sociedade?

O avanço das tecnologias digitais da comunicação e informação, a aceleração das transformações decorrentes da ampliação e circulação do conhecimento, como aponta Dowbor (2020), produzem profundas alterações no modo de organizar, trabalhar e viver numa sociedade. Assim, a profissionalização conquistada na formação inicial, para toda e qualquer atividade, torna-se insuficiente para atender às demandas de uma sociedade em constante movimento e repleta de incertezas.

Neste cenário, o desenvolvimento profissional do indivíduo, seja qual for a sua área de atuação, torna-se fundamental não só para o aprimoramento do seu desempenho, como, principalmente, capacitá-lo no enfrentamento das incertezas, das novas descobertas, assim como das rupturas políticas, econômicas, sociais, ambientais e sanitárias, presentes de forma contundente na contemporaneidade.

Diante dessa realidade, a adoção do conceito de desenvolvimento profissional permite superar a possível dicotomia entre formação inicial e continuada e contribui para o estabelecimento de um processo de crescimento auto direcionado, que é vivido durante toda a vida do professor, mas que tem como eixo central a melhoria da qualidade social da educação.

É a partir dessa perspectiva que consideramos a relevância do desenvolvimento profissional dos educadores que atuam nas instituições educacionais, mediante a formação continuada em contexto de trabalho, constituindo assim uma das principais funções do coordenador pedagógico junto à equipe de gestão da escola. Uma formação voltada para o desenvolvimento profissional de cada um dos atores que atuam na instituição.

Imbernón (2011) concebe o desenvolvimento profissional "como qualquer intenção sistemática de melhorar a prática profissional, crenças e conhecimentos profissionais, com o objetivo de aumentar a qualidade docente, de pesquisa e de gestão" (p. 47).

Entretanto, é possível ampliar esse conceito, ao concordar com Paquay, Nieuwenhoven e Wouters (2012), que, ao definir desenvolvimento profissional, propõem que ele

> consiste essencialmente na construção de competências e nas transformações identitárias nas situações de trabalho ao longo da carreira. Portanto, o conceito de "desenvolvimento profissional" remete, antes de tudo, a esse processo individual de aprendizagem de conhecimentos, habilidades, atitudes e de sua mobilização em forma de competências para enfrentar, de maneira eficaz, situações

profissionais; trata-se, fundamentalmente, do processo do indivíduo que aprende pelo trabalho para o seu trabalho! (p. 14)

Dessa forma, os autores incorporam, às transformações cognitivas, afetivas e relacionais decorrentes das experiências vividas em contexto de trabalho, componentes identitários, fundamentais para a manutenção e consolidação das conquistas realizadas no processo de aprimoramento profissional. Dubar (2005) postula que a identidade é construída ao longo da vida, desde a infância, na relação com os outros, sendo então produto de socializações sucessivas. Assim, é legítimo acrescentar ao conceito de desenvolvimento profissional as competências desenvolvidas no âmbito do trabalho coletivo, fomentado pelo ambiente de trabalho.

O desenvolvimento profissional se realiza, portanto, na ação e nas relações, mas principalmente pela reflexão sobre a ação. Decorre daí a relevância da formação continuada como elemento essencial, mas não o único. Outros fatores, destacados por Imbernón (2011, p. 46), como "salário, estruturas, níveis de decisão, níveis de participação, carreira, clima de trabalho, legislação trabalhista etc. têm papel decisivo nesse desenvolvimento". Nessa perspectiva de desenvolvimento profissional, a formação assume também a função de conscientizadora e incentivadora de luta para melhoria das relações de trabalho e aprendizagens dos profissionais (IMBERNÓN, 2011).

Na busca que estamos fazendo, de aprofundar as características do conceito de desenvolvimento profissional, é importante frisar que ele não se dá apartado do desenvolvimento pessoal e esse esforço tende a ampliar a possibilidade de o profissional da educação cumprir o papel social como cidadão, ou seja, contribuir para que as pessoas possam desenvolver o pensamento crítico e autonomia, a consciência da sustentabilidade, o combate às desigualdades, diminuindo a dependência do poder econômico, político e social e suas ideologias.

Ao destacarmos a relevância da formação continuada em contexto de trabalho, reconhecemos que ela não é e nem deve ser a única modalidade de formação, pois é desejável que ela coexista ao lado de outras, que se complementem, sobretudo aquelas de iniciativa do profissional — docente ou gestor —, tendo em vista o seu aprimoramento a partir da identificação de lacunas e demandas pessoais. Entretanto, consideramos e valorizamos a formação em contexto, pois a escola precisa ser uma comunidade que, além de ensinar, também aprende. As palavras de Santos Guerra, educador espanhol na Universidade de Málaga, são vigorosas, ao propor que

As escolas têm que aprender. Têm que romper com a dinâmica obsessiva do ensino e substituí-la por uma inquietante interrogação sobre a aprendizagem. Sobre a sua própria aprendizagem. [...] não só é necessário que cada professor [e o gestor] aprenda, mas que seja também a própria escola a aprender enquanto instituição. (2001, p. 7-9)

Ressaltamos aqui, como defende Imbernón (2011), a dimensão do coletivo e do institucional, enfatizando a importância do desenvolvimento profissional de todo o pessoal que trabalha na instituição educativa.

A escola como um espaço de aprendizagem para todos da comunidade escolar

Em pesquisa realizada sobre a formação continuada e sua relação com a coordenação pedagógica, Bellintani (2019) identifica e analisa, entre vários aspectos relacionados ao tema, como a cultura da escola influencia o desenvolvimento profissional de seus integrantes, promovendo ou limitando as possibilidades de crescimento e aprimoramento.

Desde o final do século passado, educadores têm se dedicado a discutir e escrever sobre a necessidade de as escolas se transformarem em comunidades de aprendizagem. A escola, ao ser pensada como o lugar onde os alunos aprendem e os professores ensinam, constitui uma representação reducionista e equivocada da finalidade que a ela deva ser atribuída, conforme Canário (1998). O autor afirma ainda que "[...] não apenas os professores aprendem, como aprendem, aliás, aquilo que é verdadeiramente essencial: aprendem a sua profissão" (p. 9). Entretanto, para que o exercício do seu trabalho seja um aprendizado, um aprimoramento da sua atuação, e que promova seu desenvolvimento profissional, é fundamental que as instituições ofereçam condições para tal. É essencial que a cultura da escola assuma esse papel de um espaço privilegiado de aprendizagem para todos da comunidade escolar.

Uma escola não é uma entidade abstrata, mas está inserida num determinado território e é constituída pelos seus colaboradores, de diferentes níveis e de vários departamentos, que, num esforço coletivo e sintonizado, agem de acordo com os ideais expressos no projeto. Mesmo considerando o importante papel da equipe pedagógica — docentes, auxiliares e gestão — na atividade fim da instituição, todos os integrantes da comunidade escolar contribuem para a educação dos alunos e, portanto, precisam participar dos processos de formação desenvolvidos pela escola.

Na referida pesquisa, Bellintani (2019) investigou a atuação do coordenador pedagógico (CP) na formação continuada dos educadores, por meio de entrevistas semiestruturadas com coordenadoras pedagógicas de escolas privadas da cidade de São Paulo, cujos nomes foram substituídos por outros fictícios — Júlia, Silvana, Juliana — para manutenção da confidencialidade. Em seu depoimento, uma das coordenadoras pedagógicas entrevistadas declara o compromisso da sua escola nesse aspecto:

> *A gente fez um estudo que acabou no ano passado com o GEPEM (Grupo de Estudos e Pesquisas em Educação Moral) [...] um grupo que estudou relações interpessoais e também a gente entendia que era hora de revisitar. Cuidar dessas relações, entender como é que é isso. [...] aí nós trouxemos para todo o corpo docente de toda a escola e também para o administrativo. Porque a gente também entende que eles lidam com as crianças como nós. Então todos os inspetores, todos os atendimentos da secretaria, das famílias, do RH, a gente fez o curso com eles para entender a linguagem e as relações, com respeito.* (Júlia)

A partir desta perspectiva, ou seja, de uma cultura escolar que influencia o desenvolvimento profissional, destacamos os seguintes aspectos:

- O desenvolvimento profissional dos gestores e professores é valorizado pela escola;
- A escola preocupa-se com a manutenção do aprimoramento conquistado;
- A cultura da escola oferece condições para a existência de espaços de aprendizagem.

A valorização do desenvolvimento profissional dos gestores e professores pela instituição escolar constitui uma das maneiras de tornar a escola cada vez mais capaz de cumprir sua missão, com qualidade e eficiência. É muito importante incentivar e proporcionar condições para que seus profissionais possam se aprimorar, investindo em formação continuada, na perspectiva do desenvolvimento profissional, tanto a que é realizada pela escola, como a formação fora dela, atendendo interesses individuais que possam ter desdobramentos produtivos para a instituição como expressa a coordenadora Júlia:

> a escola investe sim nas individualidades. "Ah, eu gostaria de fazer uma pós, a escola está interessada, pode me ajudar com o custo-benefício?" A escola investe também.

Faz parte do cuidado com o desenvolvimento profissional a sinalização, tanto da coordenação como da direção, dos aspectos que merecem um maior empenho, aprofundamento e estudo.

> [...] colocando a cada feedback, a cada fim de ano, "olha, se especializa aqui, trabalha sua projeção, trabalha falar em público", foi me formando realmente. (Júlia)
>
> Dou sempre um feedback. Eu fazia isso por escrito, mas por escrito é muito complicado porque depende da interpretação de texto e de qualquer forma a gente tinha que acabar conversando. Eu chamo a professora... (Silvana)

Fullan e Hargreaves (2000, p. 109) apontam para a importância da coordenação e direção expressarem aquilo que valorizam, "de modo que o elogio e o reconhecimento não sejam indevidamente escassos e de modo a fazer com que os professores mostrem o seu valor de diferentes formas". Sinalizar e dar visibilidade aos aspectos positivos contribui para a consolidação de tais aspectos na sua atuação docente.

Quando os professores percebem que há valorização do estudo e do aperfeiçoamento, por meio das ações da equipe gestora da escola, tendem a potencializar o interesse, envolvimento e dedicação pela instituição.

> E eles (os professores) entendem o quanto a instituição [...] investe para poder formá-los de uma forma que eles possam comparecer. (Júlia)

Até mesmo em ambientes em que somente a coordenadora demonstra interesse pela formação, há o reconhecimento da equipe pelo seu cuidado e interesse na melhoria da atuação profissional.

> Eu ouço de grande parte do grupo de professoras: "Juliana, você é a nossa luz, você está aqui não é por acaso"! (Juliana)

O segundo aspecto destacado por Bellintani (2019) refere-se às ações que refletem a atenção e interesse na manutenção do aprimoramento conquistado. A formação continuada, quando tem por objetivo a implantação de uma inovação na prática pedagógica, requer empenho, não só na capacitação dos professores como também no acompanhamento para fortalecimento da proposta adotada. Caso contrário, é grande a probabilidade que algumas práticas produtivas acabem se perdendo ao longo do tempo, por falta desse cuidado com a manutenção, a fim de serem efetivamente incorporadas. Por isso, chama a atenção o depoimento de Júlia:

> [...] agora a nossa assessora de matemática faz hoje doutorado em matemática [...] depois desse investimento com todos os professores, a gente mantém a formação pro assessor. Pra ele

manter o olhar, o cuidado nos planejamentos, se estão seguindo dentro daquilo que a gente fez a proposta, então aí a gente investe no assessor pra ele fazer a manutenção de tudo que foi estudado.

A articulação entre teoria e prática se dá também na manutenção das inovações que foram implantadas. Conforme o depoimento, o acompanhamento da prática por meio da reflexão compartilhada — dos professores entre si, dos professores com o coordenador, ou com os assessores — dá suporte ao encaminhamento para a solução de problemas e esclarecimento de dúvidas que surgem a partir das situações em sala de aula.

O terceiro aspecto trata das condições que a escola oferece para a aprendizagem. Assim como há escolas que valorizam, incentivam e propiciam condições para o desenvolvimento profissional dos seus colaboradores, há aquelas cuja cultura não incorpora o estudo, a formação continuada e o desenvolvimento profissional como um valor. Essa valorização ou não por parte da instituição é evidenciada por alguns fatores condicionantes como: frequência e duração de reuniões no calendário escolar, subsídio financeiro para convite a educadores externos, pagamento aos professores pela presença nas reuniões de formação, interesse e disponibilidade para investir no desenvolvimento profissional dos seus colaboradores como princípio da instituição.

Mesmo diante de situações adversas à concepção de escola que valoriza a formação continuada, tendo em vista a sua contribuição para o desenvolvimento profissional, *é possível que* o estímulo ao estudo possa partir da coordenação, desde que a/o CP tenha estabelecido um vínculo com as/os professoras/es e demonstre que considera de forma relevante a formação permanente na sua atuação com o grupo. A existência do vínculo é essencial para abrir o caminho da comunicação que consiga estimular reflexão e mudança, quando necessário.

E ainda tem uma característica desse modelo de escola de que não tem reunião pedagógica (ao longo do ano letivo).

A escola não subsidia, infelizmente (cursos de formação). Mas eu disse pra elas, "vocês têm que aprender um outro jeito, vamos oxigenar, pensa sobre isso". [...] "podem se mexer! Não dá pra fixar assim, gente, vamos lá. [...] Vai lá, vai ouvir." (Juliana)

Salientamos, com o depoimento da coordenadora Juliana, um movimento individual, mas que contém a potência para desdobramentos entre o seu grupo de professores, que poderá reverberar para outros docentes e gestores da instituição, ao constatarem o clima de envolvimento e entusiasmo decorrentes dos resultados conquistados. Embora constitua um desafio, é necessário encontrar brechas por onde algumas ações possam se manifestar de forma produtiva e promotora de transformações, pois acreditamos que, mesmo sendo pequenas, tenderão a promover e sustentar outras transformações de maior porte e abrangência.

O desenvolvimento profissional em um contexto desafiador: a pandemia

Consideramos inéditos e desafiadores os impactos na formação continuada e consequentemente no desenvolvimento profissional dos educadores no período pandêmico.

A pandemia do COVID-19, que enfrentamos desde 2020, rompeu com as formas de comunicação, organização do tempo e do espaço vividos nas escolas, alterando profundamente seu cotidiano, gerando dificuldades que precisaram ser enfrentadas pelos gestores, a coordenação e os professores de maneira muito específica. A formação continuada em contexto de trabalho constituiu uma das formas de discutir e propor encaminhamentos para enfrentar os problemas causados nesse cenário de incertezas, dentre outras providências, para além das questões pedagógicas, que se fizerem necessárias diante de uma situação inusitada na educação brasileira e do mundo.

Mais do que nunca, foi fundamental a escuta, observação e análise do panorama que se instaurou com a suspensão de aulas presenciais, afetando professores, alunos, famílias e colaboradores da instituição. Ao surgimento de dificuldades vividas pelos diferentes atores envolvidos no processo ensino-aprendizagem, providências foram e estão sendo adotadas, a partir de escolhas que exigem reflexão sobre as finalidades da escola, expressas no projeto político-pedagógico de cada instituição.

Dentre essas ações, a formação continuada dos professores constitui uma importante via para acolher, discutir, deliberar e fazer escolhas sobre formas de encaminhamento para a superação dos desafios, na relação com os alunos e seus familiares.

É importante ressaltar a inconveniência da adoção de encaminhamentos padronizados e definitivos, desconsiderando a evolução que tal cenário desencadeia a cada nova etapa em que é vivenciado. A cada problema enfrentado, surgem desdobramentos igualmente desafiadores, que demandam outros encaminhamentos. É necessário estar atento à alteração de desafios e dificuldades durante o percurso, pois as condições específicas dos contextos produzem diferentes ritmos de atuação e possibilidades de escolhas e ações.

Assim, observamos uma ampliação das competências necessárias para o desenvolvimento profissional desejado e exigido nesse novo cenário. Num primeiro momento, a formação relacionada à utilização da tecnologia digital tornou-se fundamental para viabilizar a comunicação, rompida com a suspensão das aulas presenciais, e a continuidade da aprendizagem por meio de situações didáticas, num outro formato de tempo e espaço, muito diferentes dos habituais. Uma inserção que há tempo ensaiava fazer parte do cenário educacional de forma produtiva e efetiva, mas por vezes adiada.

As pesquisas publicadas em 2020 e 2021 revelam o intenso trabalho para o funcionamento da escola, esforço infelizmente com poucos resultados efetivos por muitas instituições escolares em nosso país. Destacamos aqui a realizada por Macedo (2021), que relatou algumas conquistas obtidas, porém muitos desafios permaneceram. Embora tentar garantir a conexão digital de todos os estudantes tenha se revelado um passo fundamental, no relato de Macedo (2021), para a busca de um ensino remoto democrático, constatou-se que apenas o acesso aos equipamentos e à internet não bastava para garantir a participação de todos os alunos nas atividades remotas. Assim, o relato de experiência da referida autora, na Escola de Aplicação da Faculdade de Educação da Universidade de São Paulo (EA-FEUSP), em 2020, mostrou que garantir a conectividade foi uma etapa indispensável, mas não a única necessária para garantir o direito à educação em tempos de crise.

Um outro relato de experiência, publicado por Almeida e Dalben (2020), em uma escola pública do estado do Paraná, Brasil, no início do enfrentamento dos desafios impostos pela pandemia da COVID-19, evidencia o movimento empreendido pela escola numa dimensão coletiva de ação. Os autores consideram que os resultados dos processos participativos vividos permitem vislumbrar a potencialidade da reinvenção da escola como um *lócus* pensante, produtora de um legado de várias aprendizagens para o pós-pandemia.

Considerando o movimento, ao longo do percurso do cenário pandêmico, com as alterações decorrentes da volta ao ensino presencial de forma escalonada ou total, dependendo da instituição, novas informações, decorrentes da produção de dados da tese de doutorado de Bellintani (em andamento), puderam ser obtidas e debatidas em um *grupo de discussão*[3], em dezembro de 2021, do qual participaram oito educadores atuantes em diferentes escolas.

Nessa oportunidade, a discussão abrangeu os seguintes tópicos: desafios relacionados à formação, ações para o enfrentamento, oportunidades de aprendizados e expectativas para 2022. As participantes destacaram o desafio de lidar com uma diversidade mais intensa em virtude de alguns professores, alunos e famílias terem se adaptado melhor que outros ao modelo vivido nesses dois anos, exigindo um leque de possibilidades para atender às necessidades específicas.

---

3. Grupo de discussão realizado como forma de aproximação ao tema de uma pesquisa ainda em desenvolvimento (tese de doutorado de Bellintani), que busca analisar os impactos do cenário durante e pós-pandemia na formação continuada e verificar em que medida novas aprendizagens e práticas foram incorporadas no cotidiano escolar. O grupo foi formado por professores, coordenadores pedagógicos, diretores e assessores.

Em relação às aprendizagens, o grupo destacou o fortalecimento e valorização das relações; aprimoramento da comunicação (tecnologia e procedimentos pedagógicos); aprendizagem dos alunos e professores relacionados à incorporação da tecnologia digital como recurso pedagógico e a retomada, discussão e reflexão dos educadores relacionadas aos conceitos pedagógicos de ensino e aprendizagem. Aqui também, como nas pesquisas publicadas, evidencia-se a intensificação do trabalho coletivo.

Ainda segundo a percepção dos componentes do grupo de discussão em relação às expectativas para o ano de 2022, acreditava-se que, gradualmente, uma certa normalidade seria conquistada, decorrente do controle da contaminação, flexibilizando as medidas protetivas contra a COVID-19. Manifestaram ainda a consciência de um intenso e árduo trabalho relacionado à equalização da aprendizagem dos alunos, recuperando conhecimentos básicos, a manutenção das conquistas, entre elas, o trabalho coletivo de forma mais efetiva. Um outro aspecto que já vislumbraram e confirmou-se, ao longo de 2022, foi a relevância da escuta, da humanização, a fim de fortalecer as relações quando à tolerância, solidariedade e empatia, e a reflexão da escola sobre o vivido.

Todas as questões evidenciadas e discutidas até aqui vêm reiterar a existência de novas necessidades formativas para um desenvolvimento profissional que responda aos desafios da nossa sociedade. E como é possível conduzir uma formação continuada nessa direção? Quais as possibilidades? Quais os limites? Há princípios norteadores para os encaminhamentos que favoreçam o desenvolvimento profissional?

Sugestões para mantermos a esperança

O contexto em que vivemos, de muitas incertezas e angústias, reforça a necessidade de refletirmos coletivamente sobre alguns princípios norteadores das ações na escola e que possam favorecer o desenvolvimento profissional dos educadores.

O primeiro deles refere-se à valorização do ensino e da profissão. Tarefa a ser cultivada pelos entes federados por meio de políticas públicas adequadas a esse fim; pelas instituições de ensino superior, privilegiando e cuidando dos cursos de formação inicial de professores; pelas instituições escolares da Educação Básica, desenvolvendo políticas e projetos de formação continuada que permitam o desenvolvimento profissional de todos os educadores.

Nóvoa (2020), em entrevista publicada, afirma:

> As melhores respostas, em todo o mundo, foram dadas por professores que, em colaboração uns com os outros e com as famílias, conseguiram pôr de pé estratégias pedagógicas significativas para este tempo tão difícil. [...] as melhores respostas à pandemia não vieram dos governos ou dos ministérios da educação, mas antes de professores que, trabalhando em conjunto, foram capazes de manter o vínculo com os seus alunos para os apoiar nas aprendizagens. (p. 8-9)

e destaca o compromisso e a responsabilidade na atuação desses profissionais, afirmando ser a confiança e a colaboração os elementos centrais para o futuro da profissão docente. E nos faz questionamentos de extrema importância:

> Vamos valorizar os professores e o seu papel como profissionais autônomos e independentes ou vamos transformá-los em meros aplicadores ou acompanhadores dos conteúdos digitais? [...] Que sociedade queremos? Que escola queremos? Que futuro queremos? As respostas vão ser dadas nos próximos tempos, mas vão definir todo o século XXI. (NÓVOA, 2020, p. 11)

Além disso, com certeza, as urgentes melhorias na infraestrutura das escolas públicas, com a adequada e não menos urgente revisão do salário e carreira dos professores da educação básica e a priorização pelo Estado brasileiro da área da Educação, poderão contribuir, e muito, para atrair jovens para trabalhar principalmente na educação básica, que possam estar comprometidos e interessados em seu desenvolvimento profissional.

É fundamental, portanto, um direcionamento eficaz para um novo papel do Estado brasileiro, que privilegie políticas públicas para a formação inicial e continuada que possam responder às exigências da sociedade que queremos construir.

Santos Guerra (2001) propõe uma sequência de dez verbos encadeados, que devem ser conjugados coletivamente de forma orquestrada, ética e política. São eles: *questionar-se, investigar, dialogar, compreender, melhorar, escrever, difundir, debater, comprometer-se e exigir*, pois "[...] o conhecimento adquirido e difundido pode conduzir ao melhoramento das práticas profissionais, bem como à abordagem das reivindicações que permitam obter condições estruturais, materiais e pessoais necessárias para a mudança" (p. 15).

Na seleção de tais princípios, consideramos que o exercício metacognitivo como prática frequente constitui oportunidade potente, pois aprende-se também com os erros que podem constituir caminhos para retificação e aprendizagem, e não para humilhação. Placco e Souza (2006, p. 56) afirmam que "O percurso metacognitivo é um processo contínuo de construção, no qual a intencionalidade e a tomada de consciência se fazem presentes", influenciando a motivação, contribuindo para a autorregulação e a autonomia.

Destacamos, também, reiterando achados nas pesquisas aqui mencionadas, que o trabalho coletivo, presente na formação, caracteriza-se como um espaço de encontro, de diálogo com o relato de outros, favorece a aprendizagem docente por meio de um processo de compartilhamento de experiências e

> [...] rompe com a imagem individualista de ser docente, abre sua relação com os outros para reconhecer e narrar a si mesmo, o que confere outro sentido não somente para o papel da formação, mas também para a profissão docente. (HERNÁNDEZ-HERNÁNDEZ, 2016, p. 167)

Uma cultura institucional, ao valorizar o trabalho coletivo "[...] que envolve realmente todos os educadores — pelo menos em dois níveis: entre professores e gestão e dos gestores entre si"

(SOUZA; PLACCO, 2017, p. 28) propicia a existência de uma comunidade colaborativa. E uma comunidade que pensa, estuda e organiza as ações em conjunto, não só alcança as conquistas planejadas, como fortalece seus integrantes individualmente e como grupo. Para isso, é fundamental que sejam oferecidas as condições para essa produção em conjunto: tempo e espaço regular para encontros, seleção de temas a serem explorados, oportunidade efetiva de voz aos participantes, escuta e acolhida das contribuições e habilidade para incorporá-las ao que é sistematizado pelo grupo.

O coordenador pedagógico, como um dos responsáveis pela formação continuada, necessita de interlocutores na sua atuação profissional, de parceiros para discutir, pensar junto, nutrir e instrumentalizar-se para enfrentar e superar os desafios da complexidade da função e das incertezas do mundo contemporâneo em constante transformação. Situações inusitadas que batem à porta e exigem um posicionamento. Como diz Morin (2015, p. 51): "não se elimina a incerteza, negocia-se com ela".

Mesmo com uma rotina organizada, um plano de ação fundamentado na análise situacional criteriosa, e em busca das intervenções adequadas às necessidades de um determinado tempo e espaço, há, no cotidiano escolar, acontecimentos inusitados. Segundo Gallo (2007),

> O acontecimento cotidiano é tudo aquilo que escapa do nosso planejamento, seja como professores, como gestores do processo educacional, como funcionários da instituição escolar, seja como pais. E a questão decisiva é: de que modo reagimos aos acontecimentos cotidianos? A resposta é de fundamental importância, pois esses acontecimentos são potencialmente situações formativas. (p. 24)

E qual é a nossa disponibilidade e atenção para enxergar, nessas situações inesperadas, oportunidades de formação? A situação desencadeada pela pandemia do COVID-19 é um exemplo emblemático. Toda decisão é uma escolha e um desafio em que não existe certeza e sim vigilância para acompanhar seus desdobramentos (MORIN, 2015).

Finalizando, ressaltamos que a formação continuada, ao ter um papel na construção da identidade, implica no "cuidar", com generosidade e respeito, de todos os educadores envolvidos no processo, entendendo por "cuidar" a ação de acolher e acompanhar o desenvolvimento. Por isso, merecem atenção da coordenação não só os professores, mas também os auxiliares, estagiários, monitores e toda a equipe de apoio da escola.

No entanto, as relações estabelecidas na escola são também constitutivas da identidade do coordenador pedagógico, da sua ação e formação profissional. Sua formação embasa e define uma posição política, os valores e objetivos que se manifestam nas suas ações. Ao dizer isto, fortalecemos a ideia defendida por Souza e Placco: "[...] somente a ação legitimada pela competência profissional é capaz de produzir práticas exitosas na escola" (2017, p. 18). Porém, a ação efetiva e produtiva do coordenador tangencia a sua própria formação, inicial e continuada que, segundo as autoras "[...] deveria ter vários eixos: a do sistema de ensino, a formação supervisionada/ acompanhada/ vivida com diretor da escola e a formação, ou melhor, autoformação, regulada e conduzida pelo próprio CP". (SOUZA; PLACCO, 2017, p. 23)

Assim, o desenvolvimento profissional, importante para ampliar e fortalecer competências fundamentais para o desempenho cada vez mais qualificado da atuação profissional, encontra na formação continuada uma potente aliada para essa conquista. É desejável que cada vez mais as instituições se debrucem sobre esse tema da formação, de forma sintonizada com as necessidades de cada contexto, a fim de conquistar uma educação de qualidade capaz de responder aos desafios e incertezas da contemporaneidade.

Referências

ALMEIDA, L. C.; DALBEN, A. (Re)organizar o trabalho pedagógico em tempos de COVID-19: no limiar do (im)possível. In: *Educação & Sociedade* [on-line]. 2020, v. 41. Disponível em: <https://doi.org/10.1590/ES.23968>. Acesso em: 13 jan. 2022.

BELLINTANI, I. O. G. *A formação continuada na perspectiva da coordenação pedagógica de docentes dos anos iniciais do Ensino Fundamental.* 2019. 145 f. Dissertação (Mestrado em Educação: Psicologia da Educação) — Pontifícia Universidade Católica de São Paulo, 2019.

CANÁRIO, R. A escola: o lugar onde os professores aprendem. In: *Psic. da Educação.* São Paulo, n. 6, n. 1º semestre de 1998, 9-27. Disponível em <https://revistas.pucsp.br/psicoeduca/article/view/42874>. Acesso em: 06 jun. 2019.

DOWBOR, Ladislau. *O capitalismo se desloca: novas arquiteturas sociais.* São Paulo: Edições Sesc São Paulo, 2020.

DUBAR, C. Para uma teoria sociológica da identidade. In: Id. *A socialização: construção das identidades sociais e profissionais.* São Paulo: Martins Fontes, 2005, cap. 5.

FULLAN, M. & HARGRAVES, A. *A Escola como organização Aprendente – Buscando uma educação de qualidade.* Porto Alegre: Artes Médicas Sul, 2000.

GALLO, S. Acontecimento e resistência: educação menor no cotidiano da escola. In: CAMARGO, A. M. F. de C. e MARINGUELA, M. (org.). *Cotidiano Escolar – Emergência e Invenção.* Piracicaba: Jacintha Editores, 2007. 21-39.

GORZONI, S. de P.; DAVIS, C. L. F. O conceito de profissionalidade docente nos estudos mais recentes. In: *Cadernos de Pesquisa.* São Paulo, v. 47, n. 166 (2021), p. 1396-1413. Disponível em: <https://publicacoes.fcc.org.br/cp/article/view/4311>. Acesso em: 03 jul. 2022.

HERNÁNDEZ-HERNÁNDEZ, F. Situações para questionar e expandir a formação permanente. In: GIL. S; HERNÁNDEZ-HERNÁNDEZ, F. (org.). *Professores na incerteza: aprender a docência no mundo atual.* Porto Alegre: Penso, 2016. 155-174.

IMBERNÓN, F. *Formação docente e profissional: formar-se para a mudança e para a incerteza.* São Paulo: Cortez, 2011.

MACEDO, R. M. Direito ou privilégio? Desigualdades digitais, pandemia e os desafios de uma escola pública. In: *Estudos Históricos.* Rio de Janeiro, vol. 34, n. 73 (maio-agosto 2021), 262-280. Disponível em: <https://www.scielo.br/j/eh/a/SGqJ6b5C4m44vh8R5hPV78m/?lang=pt&format=pdf >. Acesso em: 10 jan. 2022.

MORIN, Edgar. *Ensinar a viver: manifesto para mudar a educação.* Porto Alegre: Sulina, 2015.

NÓVOA, A. A pandemia de Covid-19 e o futuro da Educação. In: *Revista Com Censo: Estudos Educacionais do Distrito Federal.* v. 7, n. 3 (ago. 2020),

8-12. ISSN 2359-2494. Disponível em: <http://periodicos.se.df.gov.br/index.php/comcenso/article/view/905>. Acesso em: 02 set. 2021.

PAQUAY. L.; NIEUWENHOVEN. C. V.; WOUTERS, P. A avaliação, freio ou alavanca do desenvolvimento profissional? In: PAQUAY. L.; NIEUWENHOVEN. C. V.; WOUTERS, P. (org.) *A avaliação como ferramenta de desenvolvimento profissional de educadores*. Trad. Fátima Murad. Porto Alegre: Editora Penso, 2012.

PLACCO, V. M. N. S.; SOUZA, V. L. T. (org.). *A aprendizagem do adulto professor*. São Paulo: Loyola, 2006.

SANTOS GUERRA, M. A. *A escola que aprende*. Trad. Fernando Ferreira Alves. Porto: ASA Editores, 2001.

SOUZA, V. L. T.; PLACCO, V. M. N. S. Um, nenhum e cem mil: a identidade do coordenador pedagógico e as relações de poder na escola. In: PLACCO, V. M. N. S; ALMEIDA, L. R. *O coordenador pedagógico e a legitimidade da sua atuação*. São Paulo: Loyola, 2017. 11-28.

Em busca de um caminho singular para um fazer plural: proposição de uma base de conhecimentos profissionais para o coordenador pedagógico

Rodnei Pereira[1]
rodneiuol@gmail.com

Ao ver Alice, o Gato só sorriu. Parecia amigável, ela pensou; ainda assim, tinha garras muito longas e um número enorme de dentes, de modo que achou que devia tratá-lo com respeito.
"Bichano de Cheshire", começou, muito tímida, pois não estava nada certa de que esse nome iria agradá-lo; mas ele só abriu um pouco mais o sorriso. "Bom, até agora ele está satisfeito", pensou e continuou: "Poderia me dizer, por favor, que caminho devo tomar para ir embora daqui?"
"Depende bastante de para onde quer ir", respondeu o Gato.
"Não me importa muito para onde", disse Alice.
"Então não importa que caminho tome", disse o Gato.
"Contanto que eu chegue a algum lugar", Alice acrescentou à guisa de explicação.
"Oh, isso você certamente vai conseguir", afirmou o Gato, "desde que ande o bastante."
(Lewis Carroll, 2010, p. 104-105)

---

1. Doutor em Educação: Psicologia da Educação, pela PUC-SP. Professor Permanente do Programa de Pós-Graduação em Educação e do Programa de Pós-Graduação Formação de Gestores Educacionais da Universidade Cidade de São Paulo.

Escolhi o célebre trecho do clássico *Alice no país das maravilhas* para inaugurar este capítulo em função do quanto o diálogo entre Alice e o Gato de Cheshire transformou-se em mote para muitas dúvidas e reflexões que venho tecendo sobre a coordenação pedagógica e educacional, nos últimos 18 anos, tempo que venho me dedicando a pesquisar o tema. Nestas quase duas décadas, tenho me debruçado sobre os desafios enfrentados por coordenadores pedagógicos (CP) das várias regiões do Brasil, assumindo com eles o compromisso de fazer valer seu tríplice papel como formador dos professores, como articulador da equipe docente ante à construção e implementação do projeto político-pedagógico (PPP) da escola, e de transformador das práticas pedagógicas, sempre em conjunto com os professores e com a gestão escolar, com vistas ao cumprimento da função social da escola e da efetiva aprendizagem, com equidade, de todos os estudantes.

Sabemos, contudo, que inúmeros fatores impedem que tal papel se concretize, a começar pela pouca atenção que a coordenação pedagógica recebe das políticas educacionais. Além disso, é importante destacar que a falta de compreensão do papel e das funções do coordenador pedagógico pelo diretor é um grave problema, aspecto identificado pela pesquisa de Placco, Almeida, Souza (2011) e também verificado por mim, quando realizei minha pesquisa de doutoramento, orientada por Vera Placco (PEREIRA, 2017). Na prática, essa falta de nitidez do diretor (e, não raro, do próprio coordenador pedagógico) acerca do que faz ou deveria fazer o CP, produz uma má divisão de responsabilidades e tarefas, que se manifesta, por exemplo:

- Por meio de uma "confusão" entre coordenação pedagógica e orientação educacional, o que faz com o que CP passe a atuar quase que exclusivamente orientando diretamente os estudantes, seja em casos de suposta indisciplina, seja em relação ao desempenho escolar;
- Pela substituição do diretor em suas ausências na escola ou auxiliando-o em atividades concernentes à dimensão admi-

nistrativa e financeira, quando a liderança do CP deveria se voltar para a dimensão pedagógica;
- Pelo atendimento constante a famílias e/ou à comunidade escolar;
- Pela substituição de professores ausentes, assumindo a regência de salas de aula;
- Pela burocratização negativa do acompanhamento do trabalho docente, que faz com que o CP se transforme em "controlador" e "tomador de contas" dos professores, entre outros incontáveis desvios de funções que poderíamos elencar aqui e de que o leitor certamente se lembrará.

Quanto a este último exemplo, vale advertir que, quando a função do CP resvala no controle do trabalho docente, por orientação da gestão central, o problema ainda é mais grave, haja vista que esse fenômeno não apenas institucionaliza como naturaliza o desvio do CP de sua função como formador. E, como consequência, podemos lembrar do mau uso dos tempos e espaços coletivos destinados à formação continuada, a falta de momentos de troca de conhecimentos entre pares, ambiente e cultura profissionais, que não promovem mudanças, tanto nas práticas de ensino quanto nos resultados de aprendizagem dos estudantes, falta de articulação e colaboração profissional, clima escolar ruim, relações interpessoais pouco construtivas, entre outros efeitos danosos não apenas ao CP, mas ao trabalho escolar, como um todo.

Nessa perspectiva, na tentativa de contribuir com o CP e com o debate sobre seu desenvolvimento profissional, nas linhas subsequentes, compartilharei algumas reflexões que venho tecendo sobre os conhecimentos profissionais necessários ao exercício da coordenação pedagógica, com a esperança crítica de que o debate público sobre o tema contribua para que, cada vez mais, o papel do CP como responsável pela formação continuada de professores centrada na escola se amplie e se fortaleça.

Nem todos os caminhos levam à coordenação pedagógica

Na seção anterior, procurei destacar alguns dos problemas que a falta de compreensão do papel do CP acarreta para a sua prática e que podem ser apontados como elementos que dificultam seu desenvolvimento profissional. Por falar em desenvolvimento profissional, entendo-o como:

> um processo que envolve as mudanças, adaptações e, em certa medida, as possíveis transformações que podem ocorrer ao longo da carreira dos professores. Essas transformações dizem respeito ao desempenho na carreira, aos compromissos assumidos, ao envolvimento com a carreira, às maneiras peculiares com que todos e cada um dos trabalhadores da educação constroem suas formas de serem e estarem na profissão. Diz respeito a como alguém pode se tornar mais capaz de desempenhar as atividades concernentes ao ensino, desenvolver habilidades, atitudes, ter expectativas, assumir compromissos. Diz respeito, também, a como os trabalhadores se organizam para viver as experiências profissionais, que carregam tudo o que já foi vivido no passado, mas também devires. Por fim, o desenvolvimento profissional engloba, também, a visão que um profissional tem da própria profissão e das políticas que a constitui como também a capacidade — ou não — de ler interpretar o contexto no qual a atividade profissional se dá. (PEREIRA, 2017, p. 117. Grifos do autor.)

Entendendo que tal conceituação pode ser estendida ao CP, é preciso considerar, ainda, que seu desenvolvimento profissional precisa se circunscrever no âmbito da liderança educativa, conceito pouco discutido em nosso país, e que se refere à influência que o CP pode exercer sobre o trabalho dos professores (LEITHWOOD, 2009).

Considero que o conceito de liderança escolar/educativa nos parece frutífero para aprofundar o debate sobre o desenvolvimento profissional do CP, porém, como explica Leithwood (2009), o conceito de liderança é difícil de definir, e quando o fazemos apressadamente, podemos empobrecê-lo e destituí-lo de seu sentido principal. Na tentativa de se esquivar desse equívoco, o autor problematiza o termo, argumentando que a liderança educativa é forjada por meio das relações sociais, estando a serviço de propósitos coletivos. Desta maneira, não se pode falar em liderança educativa como alguma coisa centrada em uma pessoa, dotada de uma capacidade inata.

Ao contrário, Leithwood (2009) explica que liderança implica objetivos comuns e direção. Nesse sentido, caberia ao líder escolar desenvolver e atuar na promoção de objetivos coletivos, devendo ter como finalidade a aprendizagem escolar, o que significa que a atuação das lideranças escolares deveria voltar-se para o apoio à aprendizagem, de forma intransigente, o que implica o exercício de diferentes níveis e estilos de influência no exercício do trabalho de todos os envolvidos no trabalho educativo.

Sendo assim, liderança é uma função que pode ser desenvolvida por sujeitos em diferentes postos de trabalho na escola, sendo, por isso, contextual e contingente. Seu exercício depende das características da escola, de seus objetivos e finalidades, dos sujeitos que compõem a comunidade escolar, dos recursos e das condições objetivas de trabalho, bem como das características daqueles que exercem a liderança. Leithwood defende que "nenhuma fórmula para liderança eficaz é aplicável de maneira universal" (2009, p. 19). A partir dessa abordagem, explica que:

> Com essas diretrizes gerais, podemos definir a liderança escolar como o trabalho de **mobilizar e influenciar outras pessoas para articular e alcançar as intenções e objetivos comuns da escola**. O trabalho de liderança pode ser feito por pessoas que desempenham várias funções na escola. Os líderes formais — aqueles que ocupam posições formais de autoridade — são apenas líderes genuínos na medida em que desempenham essas funções. As funções de liderança podem ser desempenhadas de várias maneiras, dependendo do líder individual, do contexto e do tipo de meta que está sendo perseguida. (LEITHWOOD, 2009, p. 20. Tradução minha. Grifos do autor.)

Enfatizo, a partir desta citação, que a proposta do autor converge para uma noção de liderança compartilhada, distribuída, que envolve o CP, pois: a) como membro da equipe gestora das escolas, medeia os processos pedagógicos e as relações interpessoais entre os professores (ALMEIDA, 2013); b) em tese, deve liderar o grupo de professores com a finalidade de melhorar a aprendizagem dos estudantes (PLACCO e SOUZA, 2010); c) seu grau de liderança depende da relação que estabelece com os demais membros da equipe de gestão escolar e com o grupo de professores (PEREIRA, 2017); d) seu autoconceito influencia o modo como exerce seu trabalho (PEREIRA, 2010); sua liderança depende da realidade pedagógica e social de cada escola e dos segmentos que integram as instituições de ensino.

Contudo, pouco sabemos sobre a liderança do coordenador pedagógico e de suas repercussões na aprendizagem dos estudantes, dada a escassez de estudos que tenham empreendido compreender tal relação.

Nos estudos brasileiros, tem sido mais comum relacionar o conceito de liderança ao trabalho do diretor de escola, de modo que o coordenador pedagógico parece compor as investigações como um dos agentes educativos com os quais o diretor partilha a liderança, sobretudo em relação às dimensões relacional, instrucional e transformacional. Porém, como ocorre tal partilha e como isso se revela nos resultados de aprendizagem é uma questão em aberto, haja vista que, diferente do diretor de escola, agente do qual parece existir certo consenso em torno de uma liderança mais integrada (MARKS e PRINTY, 2003), no caso do coordenador pedagógico, há pouco consenso nas redes de ensino acerca do escopo de seu trabalho.

Isso é possível de constatar ao analisarmos diversos planos de carreira do magistério, especialmente das redes estaduais e municipais no Brasil, que explicitam atribuições para o CP variadas, distintas, numerosas, nem sempre convergentes, e, como explicitaram Placco, Almeida, Souza (2011), nem sempre voltadas à formação de professores. E é neste ponto que argumento que, se as atribuições dos CP não forem *explicitamente*, e arrisco defender, *exclusivamente* formativas, sua liderança não se concretizará e seu desenvolvimento profissional, como apresentado anteriormente, permanecerá marcado por inúmeros impedimentos e elementos dificultadores, muitos deles já mencionados ao longo deste texto.

Porém, dado o objetivo central deste capítulo, não será possível (e nem é minha intenção) esgotar a discussão sobre a liderança escolar exercida pelo CP, mas aproveito para fazer o convite de que estudos futuros o incorporem como categoria teórico-metodológica. A partir de tal ideia, discutirei, nas linhas subsequentes, o assunto que motivou a escrita do presente capítulo e que se volta para uma hipótese que venho formulando há algum tempo: as atribuições dos CP, como aparecem dos textos legais, são divergentes e pouco ou nada formativas, porque não são construídas a partir de uma base de conhecimentos profissionais teoricamente fundamentada, exclusivamente voltada ao CP, e que possa servir como referência para que os formuladores de políticas e para que os gestores educacionais e escolares, incluindo os próprios CP, consigam construir com maior nitidez as atribuições que servem como base para que as práticas em coordenação pedagógica e educacional aconteçam nas escolas. E é a partir dessa chave de leitura, que apresento uma base de conhecimentos profissionais do CP.

Uma base de conhecimentos profissionais do CP: uma proposta em construção

O desafio de teorizar a respeito de uma base de conhecimentos profissionais do CP não é simples, mas se justifica pela trajetória que a coleção "O coordenador pedagógico" veio construindo em mais de duas décadas de compartilhamento de conhecimentos sobre o tema. E, em período mais recente, os livros da coleção vêm trazendo à tona a importância de que o CP precisa ter assegurados espaços, tempos e condições necessárias para se formar. E, nessa perspectiva, seus saberes, necessidades formativas e uma pluralidade de práticas têm sido problematizadas e analisadas. Junto a minhas colegas e parceiras de investigação, grande parte delas autoras de capítulos nesta coleção, tenho pensado que é chegada a hora de empreendermos esforços e coragem para construirmos referentes para o exercício profissional do CP, pois temos aprendido, ao longo de décadas nos debruçando sobre a profissionalização docente, que um dos aspectos que caracterizam uma profissão é a existência de um conjunto de princípios e conhecimentos e de uma espécie de código deontológico que possa orientar as práticas.

Esses princípios, conhecimentos e práticas (plurais) são denominados, pela literatura, ora como saberes (TARDIF, 2010; PIMENTA, 2014), ora como conhecimentos profissionais docentes, como é o caso de Shulman (2014), que os denomina de base de conhecimento. Ocorre que essas discussões têm sido realizadas considerando o trabalho específico do professor, em sala de aula. E o que proponho aqui, inspirado em Shulman (2014), é que pensemos em uma base de conhecimentos profissionais para o CP. Inspiro-me, também, em Gauthier (2006), já que este autor explica que um professor deve dominar diferentes conhecimentos que o diferencia de outros profissionais, e que a profissão docente vem reivindicando conhecimentos específicos e próprios há pouco tempo, e entendo que podemos generalizar essa análise para a profissão do CP.

A coordenação pedagógica e educacional depende da mobilização de conhecimentos específicos, na medida em que se volta para a formação continuada dos educadores, em contextos complexos e específicos. A partir dos estudos de revisão de literatura e empíricos que tenho realizado, compreendo que há uma base de conhecimentos profissionais de que os CP precisam se apropriar e que seguem constituindo, no decurso de seu desenvolvimento profissional, formado por diferentes naturezas de conhecimentos que se articulam dialeticamente e que se subsumem em cada CP. Essa base de conhecimentos se forma a partir das experiências construídas nas relações acadêmicas e escolares, no movimento das histórias de vida, das vivências informais, culturais, nos modelos de CP com os quais nos relacionamos, ainda como estudantes e, depois, como docentes, mas também pelo conjunto de normas legais que regulam a profissão. Enfim, múltiplas são as fontes que originam os conhecimentos profissionais de um CP, todas elas fundamentais para que este execute seu papel formador, articulador e transformador a partir de suas experiências, contextos de atuação e possibilidades de reflexão acerca da própria prática.

Contudo, isso só pode ocorrer, mediante a fundamentação e a objetivação dos conhecimentos necessários ao fazer de um CP e se tais conhecimentos puderem ser sistematizados, compartilhados e refinados, continuamente, com outros. A partir de um corpo de conhecimentos que possa guiar tanto os conteúdos quanto as práticas em coordenação pedagógica e educacional, advirto que poderemos avançar do ponto em que nos encontramos, quando analisamos os desafios contemporâneos dos coordenadores e coordenadoras em exercício nas escolas. E, nessa perspectiva, considero que há algumas características do desenvolvimento profissional do CP que precisam alicerçar uma base de conhecimentos a ele destinado, os quais já foram abordados, mas que precisam ser acentuados:

- O objeto da ação formadora do CP é a prática profissional dos professores.
- Os professores precisam ser compreendidos pelo CP como profissionais com conhecimentos prévios e necessidades formativas que precisam ser valorizadas, identificadas e consideradas nos processos formativos.
- O trabalho coletivo deve ser um princípio e um compromisso ético, na medida em que dá sentido ao currículo, ao PPP da escola e abre caminho para que a mudança e a transformação de práticas ganhem sentido na aprendizagem dos estudantes.

A partir dessas características é que apresento uma proposta inicial de uma base de conhecimentos para o exercício da coordenação pedagógica, que contempla 4 eixos, de modo que cada um deles apresenta diferentes níveis de detalhamento, a saber:

Quadro I. Base de conhecimentos profissionais do CP.

1. Conhecer e compreender as orientações didático-pedagógicas referentes ao currículo da rede em que atua
1. Dominar as orientações didáticas, bem como princípios e estratégias pedagógicas facilitadoras da implementação do currículo;
2. Conhecer diferentes estratégias que podem facilitar aos professores de diferentes áreas e disciplinas a estruturarem a aprendizagem dos estudantes, previstas para cada ano;
3. Compreender as relações entre as diferentes áreas de conhecimento, de modo a facilitar o trabalho interdisciplinar entre o corpo docente;
4. Conhecer o currículo.
2. Ter conhecimento dos processos metodológicos da formação continuada docente
1. Conhecer e compartilhar com os professores diferentes modos de facilitar a aprendizagem dos estudantes, de acordo com a natureza dos conteúdos, conceitos e processos previstos no currículo;
2. Conhecer estratégias metodológicas de formação diversificadas, bem como recursos didáticos e tecnológicos variados, que possam apoiar as ações de ensino dos professores;
3. Conhecer e utilizar estratégias de levantamento de conhecimentos prévios e de identificação de necessidades formativas dos professores;
4. Conhecer e utilizar diferentes instrumentos de apoio e acompanhamento do trabalho pedagógico realizado pelos docentes.
3. Conhecer os professores e como se desenvolvem profissionalmente
1. Conhecer os processos de aprendizagem dos professores e suas diferenças em relação ao desenvolvimento dos estudantes;
2. Conhecer as fases do ciclo de vida profissional docente e suas implicações no cotidiano escolar e na relação com os estudantes do segmento em que atua;
3. Conhecer os aspectos que interferem no desenvolvimento profissional dos professores;
4. Conhecer fundamentos e práticas que contribuam com a mediação das relações interpessoais entre/com os docentes e com a colaboração profissional docente.
4. Dominar o processo de gestão pedagógica da escola, dispondo de ferramentas e estratégias diversificadas para qualificar os processos de ensino e aprendizagem
1. Conhecer e compartilhar com os professores métodos de ensino diversificados e que favoreçam a aprendizagem ativa dos estudantes, em diferentes etapas de seu desenvolvimento.

FONTE: Elaboração do autor.

A proposição desta base, que considero inicial, e que, por isso, enseja o convite para que outros colegas CP e pesquisadores possam contribuir com sua discussão e aprimoramento. Considero, ainda, que se trata de um documento que precisa ser testado empiricamente, sobretudo para que tenhamos insumos para avalizarmos se contribui ou não para o desenvolvimento profissional dos CP.

E, antes disso, precisamos refletir sobre a definição cuidadosa dos objetivos que se tem em relação às mudanças de práticas dos CP, tendo em vista que, sem uma base de conhecimentos, torna-se difícil definir os aspectos que um profissional da coordenação precisaria melhorar em sua prática (INGVARSON; MEIERS; BEAVIS, 2003).

Porém, considero que tais aspectos precisam ser definidos, de forma participativa e colaborativa, pelos próprios CP, por meio do fortalecimento da parceria entre escolas e universidades, o que poderia facilitar o compartilhamento de conhecimentos, práticas e fazeres em coordenação pedagógica e educacional, tendo em vista a diversidade de características das escolas e redes de ensino brasileiras.

Considerações finais

Ao longo deste texto, apresentei aquilo que considero uma primeira versão de uma base de conhecimentos profissionais para o exercício da coordenação pedagógica, com a intenção de amplificar e ampliar o debate sobre o desenvolvimento profissional do CP, algo que precisa acontecer no âmbito acadêmico, mas também, e sobretudo, fora dele, entre os formuladores de políticas, os gestores educacionais e escolares, os próprios CP, os professores, as comunidades escolares e os estudantes (que, normalmente, seguem à margem de debates que lhe dizem respeito).

É chegada a hora em que precisamos evidenciar quais são os aspectos em que as políticas e os coordenadores e coordenadoras do Brasil precisam concentrar seus esforços de aprimoramento, inclusive para que também avancemos em relação à profissionalização da coordenação pedagógica. Mas isso não acontecerá sem que haja uma base de conhecimentos que permitam aos CP identificarem de onde precisam partir, o que se espera, em cada contexto, que eles saibam e tornem-se, pouco a pouco, capazes de fazer.

Obviamente, não há um caminho único a ser seguido, mas é preciso que nos importemos com quais caminhos tomar, inclusive para construir outros, descobrir atalhos, encontrar múltiplas geografias e, quem sabe, trilhar caminhos novos, para cada um de nós. Seria isso loucura?

Encerro, provocado por essa questão, retomando outro trecho de "Alice no país das Maravilhas":

"Que espécie de gente vive por aqui?"

"Naquela direção", explicou o Gato, acenando com a pata direita, "vive um Chapeleiro; e naquela direção", acenando com a outra pata, "vive uma Lebre de Março. Visite qual deles quiser: os dois são loucos."

"Mas não quero me meter com gente louca", Alice observou.

"Oh! É inevitável", disse o Gato; "somos todos loucos aqui. Eu sou louco. Você é louca."

"Como sabe que sou louca?" perguntou Alice.

"Só pode ser", respondeu o Gato, "ou não teria vindo parar aqui." (CARROLL, 2010, p. 67)

Considerando que Erasmo de Rotterdam, em "Elogio da Loucura", argumentou que o medo, ao indicar perigos, nos obriga a preferir a inércia à ação, e que os loucos são mais felizes quando estão juntos uns com os outros, sigo esperançoso de que outros possam se juntar a mim.

Referências

ALMEIDA, L. R. de. Formação centrada na escola: das intenções às ações. In: ALMEIDA, L. R. de; PLACCO, V. M. N. S. (org.). *O coordenador pedagógico e a formação centrada na escola*. São Paulo: Loyola, 2013.

CARROLL, L. *Aventuras de Alice no País das Maravilhas e Através do Espelho, o que Alice encontrou por lá*. Rio de Janeiro: Jorge Zahar, 2010. 104-105.

GAUTHIER, C. *Por uma teoria da pedagogia: pesquisas contemporâneas sobre o saber docente*. Trad. Francisco Pereira. 2. ed. Ijuí: Ed. Unijuí, 2006.

INGVARSON, L., MEIERS, M., BEAVIS, A. Evaluating the quality and impact of professional development programs. In: Building Teacher Quality: What does the research tell us? In: *Anais – ACER Research Conference*. Melbourne, 2003. 28-34.

LEITHWOOD, K. *¿Cómo liderar nuestras escuelas? Aportes desde la investigación*. Santiago: Salesianos Impresores, 2009.

MARKS, M.; PRINTY, M. Principal Leadership and School Performance: An Integration of Transformational and Instructional Leadership. In: *Educational Administration Quarterly*. n. 39 (2003). 370-397.

PEREIRA, R. *A autoanálise de coordenadores pedagógicos sobre sua atuação como formadores de professores*. 162 fls, 2010. Dissertação. (Mestrado em Educação: Psicologia da Educação). Pontifícia Universidade Católica de São Paulo, São Paulo, 2010.

_____. *O desenvolvimento profissional de um grupo de coordenadoras pedagógicas iniciantes: movimentos e indícios de aprendizagem coletiva, a partir de uma pesquisa-formação*. 251 fls. Tese (Doutorado em Educação: Psicologia da Educação) — Pontifícia Universidade Católica de São Paulo, São Paulo, 2017.

PIMENTA, S. G. Formação de professores: identidade e saberes da docência. In: Id. *Saberes pedagógicos e atividade docente*. 6. ed. São Paulo: Cortez, 2014. 15-34.

PLACCO, V. M. N. S.; ALMEIDA, L. R.; SOUZA, V. L. T. O coordenador pedagógico (CP) e a formação de professores: intenções, tensões e contradições. In: FUNDAÇÃO VICTOR CIVITA (org.). *Estudos e Pesquisas Educacionais*, v. 2. São Paulo: Fundação Victor Civita, 2011. 227-288.

PLACCO, V. M. N. S.; SOUZA, V. L. T. Diferentes aprendizagens do coordenador pedagógico. In: ALMEIDA, L. R.; PLACCO, V. M. N. S. *O coordenador pedagógico e o atendimento à diversidade*. São Paulo: Loyola, 2010.

SHULMAN, L. Conhecimento e ensino: fundamentos para a nova reforma. In: *Cadernos Cenpec*. São Paulo, v. 4. n. 2 (dez. 2014). 196-229.

TARDIF, M. *Saberes docentes e formação profissional*. Petrópolis: Vozes, 2010.

Dupla gestora: os desafios da atuação e da formação contínua

Kelly Szabo[1]
kellyszabo@outlook.com.br
Vera Maria Nigro de Souza Placco[2]
veraplacco7@gmail.com

É urgente viver encantado. O encanto é a única cura possível para a inevitável tristeza.
(Valter Hugo Mãe, 2019, p. 12)

O texto a seguir tem como objetivo propor reflexões acerca de questões que permeiam o cotidiano das duplas gestoras — constituídas pelos cargos de Coordenadora Pedagógica (CP) e diretora[3] —

---

1. Pedagoga, doutora em Educação: Psicologia da Educação pela PUC-SP. Sócia-fundadora da Em Pauta: Assessoria e Estudos Pedagógicos, formadora de profissionais da Educação em projetos da Comunidade Educativa CEDAC, pesquisadora no grupo de pesquisa CEPId e autora da tese de doutorado na qual este texto está fundamentado.
2. Professora doutora do Programa de Estudos Pós-graduados em Educação: Psicologia da Educação e do Programa de Mestrado Profissional em Educação: Formação de Formadores, ambos da PUC-SP, coordenadora do grupo de pesquisa CEPId e orientadora da tese de doutorado na qual este texto está fundamentado.
3. Apoiadas nas nomenclaturas utilizadas no documento Currículo da Cidade: Educação Infantil (SÃO PAULO, 2019), tomamos aqui um posicionamento ideológico por referenciar as participantes no feminino, visto que é uma luta de muito tempo da categoria, por tratarmos de uma área composta em sua grande maioria por mulheres. O documento referenciado adota essa postura diante das questões citadas.

abordando aspectos da atuação, da formação contínua[4] em serviço, além dos desafios que identificamos por meio dos dados produzidos durante a investigação para a tese de doutorado intitulada "Formação Contínua: o fortalecimento da dupla gestora na Educação Infantil"[5], cujo foco era a formação contínua com vistas à qualificação das ações da gestão em prol da melhoria da qualidade da educação.

A produção dos dados se deu no contexto do Projeto Infâncias em Foco, realizado pela Comunidade Educativa CEDAC (CE CEDAC)[6], junto à Rede Municipal da Prefeitura de São Paulo, nas 13 Diretorias Regionais de Ensino (DRE). O objetivo do projeto era formar diretoras e CP dos Centros de Educação Infantil (CEI) parceiros[7] da Rede Pública do Município de São Paulo, para apoiar a implementação do Currículo da Cidade de São Paulo: Educação Infantil. A atuação da pesquisadora, nesse movimento, como formadora de Coordenadoras Pedagógicas e diretoras de CEIs, especificamente na DRE Itaquera, oportunizou o olhar para essas duas funções e

---

4. Embora haja, na literatura pesquisada, o uso dos termos "formação continuada" e "formação contínua", nesta tese utilizaremos o segundo, por uma questão semântica, uma vez que "contínua" aproxima-se das nossas percepções quanto ao caráter permanente que esta oferece.
5. Tese apresentada à Banca Examinadora da Pontifícia Universidade Católica de São Paulo, em dezembro/2022, como exigência parcial para obtenção do título de Doutora em Educação: Psicologia da Educação, sob orientação da Professora Doutora Vera Maria Nigro de Souza Placco.
6. Comunidade Educativa CEDAC (CE CEDAC) é uma Organização da Sociedade Civil de Interesse Público, que atua diretamente na formação de integrantes das redes públicas de ensino (www.cedac.org.br).
7. De acordo com a Prefeitura de São Paulo, CEIs parceiros são aqueles mantidos por instituições (associações e outras organizações) conveniadas à Prefeitura e que mantém CEIs destinados ao atendimento preferencial de crianças de zero a 3 anos e 11 meses. Existem diferentes formas de operação dos CEIs na Rede Municipal de São Paulo (RMSP), sendo os CEIs Diretos, com prédios públicos, mantidos pelo poder público — alimentação, materiais, manutenção, funcionários; os CEIs Indiretos (prédio público, administrado por instituição privada e que conta com verba pública para custeio dos gastos); e os CEIs Conveniados (prédios e administração são responsabilidade da instituição parceira, responsável pelo conveniamento), ambos parceiros.

tentar identificar os resultados dessas formações, especialmente na atuação formativa dessa dupla gestora.

Pautada em observações e experiências anteriores, foi possível identificar, mais uma vez, uma tendência de afastamento na atuação da dupla gestora, sugerindo uma sobrecarga de tarefas nessa relação, sendo a figura da diretora considerada como a mais importante e a CP, como subordinada a ela.

As dez duplas gestoras convidadas a participar desta pesquisa eram compostas por diretora e Coordenadora Pedagógica de dez diferentes CEIs integrantes do mencionado projeto. Todas elas participavam de encontros formativos mensais que tinham, dentre tantos objetivos, qualificar as ações das gestoras, no sentido de aprimorar a qualidade dos processos de ensino-aprendizagem desenvolvidos no CEI.

Como instrumentos e estratégias de produção de dados, utilizamos o questionário aberto (LAVILLE; DIONNE, 1999), a entrevista semiestruturada (BOGDAN; BIKLEN, 2010; SZYMANSKI, 2011) e rodas de conversa (WARSCHAUER, 2017). Consideramos oportuno adequar e combinar os instrumentos de produção de informações, na abordagem qualitativa, nos apoiando quanto ao aprofundamento na obtenção das informações desejadas. A escolha da Roda de Conversa (RC) como instrumento de produção de dados se deu por assumir as dimensões reflexivas desse estudo, bem como a necessidade do diálogo, da partilha de ideias e saberes das participantes. Adotamos o conceito de análise de conteúdo, inspirada em Bardin (2011), considerada referência nos campos de investigação que utilizam essa técnica para analisar os dados.

Infâncias: um breve olhar para a concepção assumida e para as especificidades da atuação nessa modalidade

Para falar sobre a atuação das duplas gestoras que estão à frente das instituições de Educação Infantil, bem como das formações que as rodeiam, precisamos, inicialmente, compreender de quais infâncias estamos tratando neste texto.

De acordo com o Marco Legal da Primeira Infância, Lei Federal nº 13.257, sancionada em 08 de março de 2016, Artigo 2º, "considera-se primeira infância o período que abrange os primeiros 6 (seis) anos completos ou 72 (setenta e dois) meses de vida da criança" (BRASIL, 2016, não paginado). No entanto, nosso foco de pesquisa, análise e discussão situou-se no recorte entre zero e três anos de idade, faixa etária atendida pelos CEIs pesquisados.

Além do recorte de faixa etária, consideramos a existência de diversas infâncias, compreendendo a forma como as pensamos, o respeito à pluralidade cultural e as escolhas que os adultos fazem em relação à sua educação: "há muitas crianças e muitas infâncias, cada uma construída por nossos 'entendimentos de infância' e do que as crianças são e devem ser" (DAHLBERG; MOSS; PENCE, 2019, p. 63). Entendemos as diversas formas de existir, de viver e de construir as infâncias, evitando um olhar classificatório e de universalização dos conceitos de infâncias e de criança.

As discussões acerca de políticas públicas que garantam a qualidade na Educação Infantil passam, portanto, pelas concepções de infâncias, pelo currículo proposto, pela formação e profissionalização de todos os atores envolvidos.

Sanches (2020) defende, nessa mesma linha, a concepção de criança

> reconhecida como alguém que é agora, e não como um vir a ser, uma criança como sujeito de direitos, que deve ser ouvida e levada a sério nas suas especificidades: que opina, participa, deseja, questiona, experimenta, observa e escolhe. (SANCHES, 2020, p. 53)

Assim, nossa compreensão sobre infâncias deve permear a garantia de possibilidades de desenvolvimento, sem ter como base o "vir a ser" e sim, a constituição do sujeito no presente, as experiências vividas nos espaços de Educação Infantil, atendendo às especificidades dessa faixa etária, primando por seu desenvolvimento integral (BRASIL, 2016), estabelecendo a própria criança como ponto de partida das políticas públicas pela primeira infância.

Cabe destacar a especificidade do trabalho em instituições que atendem bebês e crianças (0 a 3 anos): fazer parte de uma mesma dupla gestora que desempenha papéis distintos, visando ao mesmo objetivo, já se configura como desafio. Quando lidamos com Educação Infantil, sabemos que essa é uma modalidade que requer saberes diferentes dos necessários para atuar na gestão escolar de outras modalidades, tais como o desenvolvimento de bebês e crianças, a relação entre cuidar e educar, o brincar e as interações como peças fundamentais do cotidiano, a formação dos educadores de primeira infância, o vínculo com as famílias e, no caso dos CEIs parceiros, a relação com a instituição mantenedora e a DRE.

Formação contínua e gestão escolar: princípios de colaboração e liderança

Entendendo a escola como local privilegiado para a formação em serviço, acreditamos no potencial formativo da gestão escolar e temos como premissa que formar pessoas não é algo espontaneísta: demanda pesquisa, observação, escuta, investigação, planejamento, fundamentação teórica, intervenção e tantos outros requisitos que exigem uma investigação científica para potencializar o aprimoramento dessas atuações.

Considerar os limites da ação formadora é, também, um aspecto importante, uma vez que o processo de formação deve ser desejado, assumido e precisa haver um compromisso entre formadoras e formandas. Se a dupla gestora não estiver afinada quanto às concepções, às aspirações e às posturas diante do que se espera da educação dos pequenos, pouco poderemos fazer, uma vez que, no papel de formadoras, não estamos direta e diariamente nos CEIs.

Zabalza (2019, p. 11) indica a "necessidade de formação ao longo da vida" como uma das condições básicas para a melhoria da qualidade da docência. Placco e Souza (2018) trazem algumas definições acerca da questão "o que é formação?", apontando-a como "espaço para a aprendizagem", "processo de desenvolver-se, apropriar-se de conhecimentos" (PLACCO; SOUZA, 2018, p. 10) e apresentando a ênfase que geralmente é dada ao processo de desenvolvimento pessoal do professor e às mudanças que ocorrem nele ao longo desse processo, questionando porque tal desenvolvimento ou tais mudanças nem sempre repercutem na prática pedagógica do professor em sala de aula. Placco e Souza (2018) ressaltam, então, a importância de centrarmo-nos na ação do formador para promover a ação dos formandos, entendendo "como formação um conjunto de ações integradas, intencionalmente planejadas e desencadeadas pelo formador, voltadas ao(s) grupo(s) pelo(s) qual(is) é responsável, para promover mudanças na ação dos formandos" (PLACCO; SOUZA, 2018, p. 14).

Defendemos a ideia de formação contínua e em serviço como potente espaço de melhoria da prática docente, culminando na melhoria da qualidade da educação. No entanto, compreendemos as fragilidades que compõem esse cenário, pois nem sempre as formações estão relacionadas à realidade de cada Unidade Educacional (UE), generalizando ações, acontecimentos e fazeres, sem se debruçarem sobre questões particulares de cada área de conhecimento, pautando-se em discussões superficiais, que não permitem uma relação fundamental: a fusão teoria e prática.

Entendemos que ações docentes e de gestão alinhadas à concepção de currículo estabelecida no território sejam primordiais. Temos como pressuposto as infâncias como fase potente, de descobertas, de produção de cultura, de formação integral da criança, que elabora suas hipóteses acerca da realidade em que está inserida, confirmando ou refutando ideias, manifestando-se por meio de diferentes linguagens e expressando seus desejos, seus questionamentos e suas descobertas, fatores que evidenciam a urgência de pensar as UE como espaços coletivos e de colaboração, tornando-os locais potentes para refinar o conhecimento pedagógico de todos os profissionais.

Para que isso aconteça, Placco e Souza apontam para a urgência e a necessidade da ação coesa e integrada da gestão escolar, uma vez que esta

Pressupõe integração de todos os profissionais da escola, a não fragmentação de suas ações e práticas e, fundamentalmente, o compromisso com a formação do aluno. A ação coletiva implica o enfrentamento dos desafios presentes na escola, de modo que uma ação coesa e integrada dos gestores da escola — direção e coordenação pedagógico-educacional — e dos demais profissionais da educação, a partir de uma reflexão sobre o papel desses gestores na articulação e parceria entre os atores pedagógicos, reverta em um processo pedagógico que melhor atenda às necessidades dos alunos. (PLACCO; SOUZA, 2018, p. 27)

Os aspectos apontados pelas autoras nos provocam a pensar no potencial transformador existente na ação colaborativa entre direção e coordenação pedagógica e, conforme já indicado, uma das questões que se faz urgente é repensar a ação docente na Educação Infantil. Para tanto, um dos caminhos que defendemos é a formação contínua como oportunidade de qualificação das práticas. Aranha ressalta que

> a equipe gestora é a responsável para articuladamente desenvolver e conduzir a formação na escola e, para isso, precisa ser constituída numa perspectiva de formação contínua e crítica. Ainda que a escola não seja a única instância de formação, ela se transforma num lugar privilegiado para discutir as necessidades e as questões de ensino-aprendizagem, as dificuldades e as formas de superação de uma população específica. (ARANHA, 2015, p. 20)

Tais discussões nos permitem compreender que administrar e coordenar os recursos e as propostas curriculares do projeto político-pedagógico (PPP) das unidades é algo mais desafiador, pois exige colocar em prática ações como a formação contínua e em serviço, baseada na reflexão crítica, considerando a experiência docente e as questões que emergem do cotidiano das UE como base de discussões e aprendizagens de todos os envolvidos, pressupondo a compreensão dos fazeres de cada um e o planejamento da continuidade das ações de formação.

É possível constatar a amplitude e a complexidade que envolve a atividade das duplas gestoras, uma vez que lidam com pessoas que têm diferentes posicionamentos e pontos de vista, histórias de vida distintas, concepções de educação e de infâncias que nem sempre convergem, mas que, acima de tudo, precisam dar vida ao PPP, dar sentido às práticas e ao cotidiano de bebês, crianças e seus familiares.

Enfatizamos a importância do processo de formação do par diretora e CP e o seu desenvolvimento profissional como possibilidade de fortalecimento da prática, a qual se desvela no cotidiano da escola, criando condições de formação contínua e em serviço para suas equipes, que, assim como já apontamos, não precisam compartilhar das mesmas ideias, mas devem, necessariamente, pactuar com o compromisso ético e político que assumem diante da comunidade que representam.

Placco (2021, s/p) nos respalda e reafirma as questões de liderança, coliderança e os pressupostos de colaboração envolvidos nesses processos, ao orientar que o "trabalho colaborativo que pressupõe uma relação democrática gera uma liderança democrática, isto é, liderança por habilidade, por competência, por relacionamento e pela tarefa" (informação verbal)[8], e nos apresenta a necessidade do que chama "liderança em trânsito", explicando que temos responsabilidade de exercer a liderança quando as tarefas são nossas, cuidando, no entanto, para que essa alternância se estabeleça de forma orgânica, de modo que não interfira no desenvolvimento das ações de nossas parceiras.

Para Vaillant (2015, p. 20-21, tradução nossa), "a liderança escolar dos diretores é fundamental para a melhoria educacional" e aponta a ação das diretoras como essencial para que haja esse salto positivo, advertindo que a deficiência ou inexistência dessa liderança afeta a qualidade das UE.

---

8. Fala da Professora Vera Placco, em orientação com a pesquisadora, na PUC-SP, em 17 jun. 2021.

Feita essa reflexão, uma das prioridades ao tratarmos de liderança é colocar em prática ações que configurem o compartilhamento e a colaboração no fazer diário das equipes, privilegiando a UE como espaço de formação e sendo um dos pilares para a melhoria do ensino-aprendizagem.

Retomamos aqui os apontamentos de Fullan e Hargreaves (2001), no que tange à necessidade da preparação para a liderança, relacionando-a com alternâncias de responsabilidade e com formas de liderança que sejam baseadas no profissionalismo interativo, e na perspectiva da formação de professores em processo contínuo, ao longo da carreira. Os autores afirmam, ainda, que a cultura de colaboração, permeada pelas questões de liderança, implica certo grau de dificuldade e, muitas vezes, de desconforto, necessitando mobilizar experiência, diálogo, estudo, pesquisa, abertura e disponibilidade para o inesperado, de forma crítica, já que são fatores que desestabilizam algumas certezas que temos, mas que abrem espaços para outras possibilidades.

Formação contínua para a dupla gestora e para a equipe docente

Buscamos compreender, em nossa pesquisa (SZABO, 2021), se os processos de formação contínua de que as duplas gestoras participaram — por meio da Comunidade Educativa CEDAC — ecoaram em formação contínua junto às equipes docentes no CEI.

As CP relataram seus pontos de vista sobre ações de formação nas quais estiveram como participantes e sobre as ações desenvolvidas no CEI, destinadas à equipe docente.

Uma das CP indicou que a instituição na qual atua viabiliza a participação da equipe gestora em ações formativas fora da UE, incluindo algumas professoras nesse processo, como possibilidade de compartilhamento e multiplicação das aprendizagens junto aos pares docentes. No entanto, cabe refletir acerca das implicações da CP, nesses momentos de troca de experiências e de intervenções possíveis, para qualificar as ações no próprio CEI. Incluir a equipe docente na condução dos encontros formativos como forma de disseminar as aprendizagens fomenta a colaboração entre pares e, em contrapartida, deve alimentar as possibilidades de intervenções pedagógicas por parte da CP, cuidando para que não haja divergência de concepções e para viabilizar as discussões com foco no desenvolvimento coletivo.

Podemos entender que esses são movimentos de colaboração que remetem às discussões de Passos e André (2016, p. 21). Para as autoras, as relações mais colaborativas não resolverão sozinhas todos os problemas da UE, o que converge com nossos pensamentos, pois entendemos que as intervenções da equipe gestora são necessárias e devem fazer parte da rotina da escola, teorizando as práticas, proporcionando uma formação contínua e apoiando a equipe docente nos momentos de compartilhamento das aprendizagens, evidenciando a urgência de promover a liderança em trânsito no cotidiano do CEI. Colocamos em relevo, nessa discussão, a liderança por habilidade e a liderança pela tarefa como elementos em potencial para que os compartilhamentos das aprendizagens aconteçam de maneira efetiva, ecoando nas ações com bebês e crianças.

Em outro relato, observamos a participação da CP em formações externas e uma perspectiva de estender a oportunidade à equipe docente, nesse caso, indicando e incentivando a leitura dos materiais e, especialmente, proporcionando momentos de planejamento e organização para que tais reflexões ocorressem.

A experiência de uma terceira CP remete às duas situações anteriores e reitera que existe, em seu CEI, a oportunidade de participar de formações externas, inclusive com a participação da equipe docente e a proposição de estudos, por meio da leitura.

Diante do exposto, acreditamos que cabe refletir sobre a implicação da CP nas diferentes ações de formação: enquanto participante, a necessidade de ter o olhar para o tema e para os desdobramentos desses conhecimentos junto à sua equipe docente; e, ao atuar como CP, pensar na forma com que promove a articulação dessas aprendizagens.

Entendemos, neste estudo, que ações pontuais de formação não transformam a prática docente, mas podem ser um disparador para reflexões, para gerar uma inquietação na equipe de profissionais, para a compreensão do cenário, de suas potencialidades e fragilidades, abrindo espaço para que a formação contínua e em serviço se efetive, diante das necessidades da instituição.

As participantes relataram que não existe horário garantido na rede parceira para reunir, semanalmente, a equipe docente e realizar a formação. Alguns relatos revelaram os desafios postos quanto à organização e à realização de formação no CEI. Uma das CP indica essa dificuldade em seu cotidiano por não serem garantidos momentos dedicados ao ato de planejar, de participar de ações formativas conjuntas, entre outras possibilidades, na jornada das equipes docentes. Ela anuncia, em seu relato, que esses momentos de desenvolvimento e de realização de formação com o grupo docente, "para a rede parceira, é algo muito surreal", tornando evidente a urgência de discutir e propor políticas públicas que deem condições para que tais propostas se efetivem, da mesma forma que são garantidos, em unidades da rede direta, os horários de trabalho coletivo dentro da jornada de trabalho docente. A mesma CP observa que as demandas exacerbadas também comprometem a prática formativa e incidem na qualidade do trabalho com bebês e crianças.

Em outro relato de CP, existe a indicação de busca por outras oportunidades: "não consigo fazer essa formação e tirar as professoras de sala todos os dias. Eu procuro conversar e procuro, pelos registros, sempre colocar um texto no caderno delas". Esta CP revela uma preocupação quanto à garantia de realização das formações e nos provoca a pensar sobre o potencial de formação para a mudança da prática contida nessas estratégias, junto à necessidade de implementação de políticas públicas que garantam tempos de formação na rede parceira.

Trazemos a perspectiva de Bolívar (2003, p. 95) acerca de estratégias que impulsionam a formação nas UE. O autor chama a atenção para a realização de um trabalho em colaboração ou em equipe, tendo, como pressupostos, as discussões de ideias e estratégias de aprendizagem junto aos colegas, e segue enfatizando a importância de viabilizar e experienciar novas práticas, trabalhos em grupos e observação da prática dos colegas, afirmando que essas estratégias têm potencial formativo, à medida que promovem a colaboração entre pares e aumentam a capacidade de aprender e resolver problemas.

Nesta pesquisa, buscamos analisar também como as diretoras compreendem a suas participações em ações de formação, bem como viabilizam a realização de formação contínua de suas equipes docentes. Destacamos que os relatos das diretoras acerca da formação apareceram em uma proporção relativamente menor do que na Roda de Conversa (RC) com as CP, o que pode ser um indício de suas compreensões acerca da temática.

A participação de uma das diretoras revelou um olhar cuidadoso em relação ao desenvolvimento da formação no CEI em que atua, trazendo a importância de fortalecer suas concepções acerca das infâncias e da implementação curricular. No entanto, também deixou transparecer que a responsabilidade de atuar diretamente nas questões pedagógicas é da CP, revelando, ainda, uma perspectiva transmissiva de formação.

Em outro caso, a diretora indicou que este processo de formação, para a gestão, pode ser compreendido como princípio de mudança da organização desses movimentos e do envolvimento das equipes, ao enfatizar que "tem um número muito maior de diretoras que não se envolvem com as questões pedagógicas" e segue afirmando a necessidade e importância de "entender essa pedagogia, que é mais próxima da criança, que é muito diferente daquela que a gente aprendeu". Esse relato apoia nossas discussões, ao indicarem a formação como um cuidado com quem é formador, como um olhar específico para o desenvolvimento profissional de todos os envolvidos.

Finalmente, outra busca da pesquisa foi quanto à compreensão acerca do exercício da gestão em dupla, num cotidiano permeado de desafios, impasses e tomadas de consciência acerca do que é, efetivamente, atuar na condição de dupla gestora.

A necessidade da atuação em parceria tornou-se cada vez mais presente nos relatos das diretoras participantes, que veem o pedagógico como uma vertente de mobilização e de motivação para a realização das tarefas burocráticas, destacando, mais uma vez, a importância da CP no CEI. No entanto, passamos a observar uma consistência maior quanto à necessidade de garantir que as relações se deem de forma horizontal. O relato de uma das diretoras explicitou que a CP "é fundamental tanto quanto o diretor"; para ela, existe a consciência quanto ao seu dever no que tange às questões administrativas no CEI e que, muito embora essas situações precisem ser resolvidas, não devem ser executadas sem um objetivo específico, que é o pedagógico.

O relato de outra diretora aponta que "o diálogo e a transparência são a base da dupla firme e forte para conduzir o trabalho que a gente sabe que é bem desafiador". Ela sugere um caminho interessante para o fortalecimento das ações em duplas, que é a profissionalização na execução das ações e na resolução dos desafios que emergem no cotidiano, na busca por solucionar os impasses de forma coerente. Tal posicionamento fica evidente quando ela destaca: "sentar para conversar não é aquela conversa informal, é ver os pontos [...] isso está legal, isso precisa rever, vamos mudar aqui". Com essa postura, abre espaço para dois pilares que ela mesma aponta como essenciais: diálogo e transparência.

Aqui, evidenciam-se posturas que nos provocam a refletir quanto à busca por um equilíbrio entre as componentes das duplas gestoras, para que o trabalho esteja cada vez mais alinhado ao que se propõe para a instituição que lida com a Educação Infantil, já que requer a mobilização de saberes e práticas específicos em prol da qualidade do que é entregue a bebês, crianças e comunidade.

Vimos emergir, nos relatos, a abertura para a parceria, para a colaboração entre pares, para uma visão de conjunto, para a fluidez do trabalho, impactando nas relações e no desenvolvimento do pedagógico na UE. Ficaram explicitadas as compreensões de diretoras, que veem a relação na dupla com horizontalidade, como parceria, sugerindo princípios de liderança compartilhada e co liderança (LÜCK, 2009). No entanto, cabe seguir refletindo de que forma essa horizontalidade se dá, já que, a todo o tempo, os discursos enfatizaram que diretoras têm mais responsabilidades do que a CP.

Observamos, em alguns relatos, o teor dos desafios existentes na ação da dupla gestora. Revela-se a valorização da escuta, da ação colaborativa e do fortalecimento dos vínculos e das relações de confiança. Destacamos esse trecho de uma entrevista com CP: "*todo movimento da equipe gestora é de mão dupla, não vai conseguir tocar em frente se não tiver essa interlocução*", permitindo-nos retomar os apontamentos de Fullan e Hargreaves (2001, p. 35), ao advertirem que uma liderança que não busca compreender nem implicar a equipe docente nos processos de mudança tem toda a probabilidade de fracassar. Esta reflexão também permite indicar, novamente, o pensamento hierárquico quanto à tarefa das diretoras, muitas vezes não fazendo uma distinção entre suas compreensões de liderança e de poder, sendo este, muitas vezes, expresso por ações veladas que permeiam e dificultam as relações em duplas.

Algumas considerações para seguir refletindo

Nas falas das diretoras, foi possível interpretar a valorização do processo formativo como um meio para que possam apoiar a implementação de práticas relacionadas ao proposto pelo Currículo da Cidade, sendo esse um dos princípios de mudança na ação educativa e na qualificação das práticas de diretoras e CP, aqui compreendidas como lideranças pedagógicas.

Foi possível identificar alguns conflitos existentes, na atuação em dupla, bem como alguns avanços, no que diz respeito ao desenvolvimento de suas ações. Ressaltamos aqui a compreensão das diretoras quanto à importância de o "pedagógico" ser o centro do trabalho desenvolvido, colocando foco no estabelecimento de relações mais horizontais com as CP, que atuam diretamente na dimensão da prática pedagógica.

As palavras das participantes também indicaram a necessidade do diálogo e da transparência para a resolução dos conflitos emergentes no cotidiano, abrindo espaço para a colaboração no exercício de suas atribuições. Também observamos a valorização da escuta (bebês, crianças e adultos — profissionais do CEI e comunidade), da confiança, dos vínculos e de ações colaborativas como avanços na atuação de grande parte das CP participantes.

Um dos destaques desta reflexão está relacionado ao volume de contribuições da formação contínua vivida, presentes nos relatos das diferentes funções, que apontaram, mais profundamente, alguns aspectos quanto à compreensão, às oportunidades, estratégias e à realização de formação nos CEI, inclusive indicando a urgência de implementação de políticas públicas que garantam esses movimentos na jornada da equipe docente. Nos relatos das CP, também ficam explicitadas as limitações para realização dos encontros de formação: escassez de tempo, experiência, conhecimento, concepção de formação contínua e em serviço e demandas administrativas em detrimento do pedagógico foram elementos que compuseram as falas das CP.

É possível destacar a compreensão de gestão aberta à colaboração, à reflexão acerca das experiências e dos saberes de cada um dos componentes das equipes (PASSOS, 2016), como fundantes para o fortalecimento das práticas desenvolvidas e estabelecimento de relações horizontais.

Outro apontamento que cabe ser colocado em relevo é que as diretoras passam a considerar a necessidade de as decisões administrativas estarem pautadas nos fundamentos pedagógicos (PARO, 2015), em função de melhores experiências e do atendimento mais qualitativo para bebês e crianças, evidenciando posturas que buscam equilibrar essa atuação, viabilizando parceria, colaboração e visão de conjunto, que culminam em fluidez do trabalho e impacto positivo nas relações e no desenvolvimento do pedagógico na UE.

Tais fatores influenciam diretamente na forma como os desafios postos em seus cotidianos são solucionados, bem como as compreensões acerca de seus limites para poderem lidar com os embates e impasses inevitáveis. Neste sentido, identificamos a busca contínua das participantes por estabelecer melhores relações — pessoais, profissionais e com a comunidade —, sendo o diálogo e a parceria destacados como importantes pela maior parte das participantes, CP e diretoras.

Estas reflexões nos apontam caminhos para a qualificação da formação e da atuação formativa da dupla gestora, pois nos indicam o que elas pensam e fazem, enquanto formadoras. Esses elementos dão condições para qualificar o processo, já que os aspectos destacados precisam ser considerados quando delineamos uma pauta, um projeto, ou até mesmo um programa de formação mais amplo dessas profissionais — na expectativa de que desenvolvam percurso semelhante com as professoras e demais educadoras e educadores de suas instituições — o que gera um movimento de dupla direção: o aperfeiçoamento da formação delas, o que, ao mesmo tempo, lhes permite atuar melhor como formadoras, em seus CEIS.

Referências

ARANHA, E. M. G. *Equipe Gestora Escolar: as significações que as participantes atribuem à sua atividade na escola. Um estudo na perspectiva sócio-histórica*. 2015, 268 f. Tese. Doutorado em Educação. Pontifícia Universidade Católica de São Paulo, São Paulo, 2015.

BARDIN, L. *Análise de conteúdo*. São Paulo: Edições 70, 2011.

BRASIL. Congresso Nacional. *Lei nº 13.257, de 08 de março de 2016*. Disponível em: <https://www.planalto.gov.br/ccivil03/ato2015-2018/2016/lei/l13257.htm>. Acesso em: 25 abr. 2020.

BOGDAN, R. C.; BIKLEN, S. K. *A investigação qualitativa em educação: uma introdução à teoria dos métodos*. Porto: Porto Editora, 2010.

BOLÍVAR, A. A escola como organização que aprende. In: CANÁRIO, R. (org.). *Formação e situações de trabalho*. Porto: Porto Editora, 2003. 79-100. (Coleção Ciências da Educação).

DAHLBERG, G.; MOSS, P.; PENCE, A. *Qualidade na educação infantil da primeira infância: perspectivas pós-modernas*. Porto Alegre: Penso, 2019.

FULLAN, M.; HARGREAVES, A. *Por que é que vale a pena lutar? O trabalho de equipe na escola*. Porto: Porto Editora, 2001.

LAVILLE, C.; DIONNE, J. *A construção do saber: manual de metodologia da pesquisa em ciências humanas*. Porto Alegre: Editora Artes Médicas Sul; Belo Horizonte: Editora UFMG, 1999.

LÜCK, H. *Dimensões de gestão escolar e suas competências*. Curitiba: Editora Positivo, 2009.

MÃE, Valter Hugo. *As Mais Belas Coisas do Mundo*. Rio de Janeiro: Biblioteca Azul, 2019.

PARO, V. H. *Diretor escolar: educador ou gerente?* São Paulo: Cortez, 2015.

PASSOS, L. F. Práticas formativas em grupos. In: ANDRÉ, M. E. D. A. (org.). *Práticas inovadoras na formação de professores*. Campinas: Papirus, 2016. 165-188.

PASSOS, L. F.; ANDRÉ, M. E. D. A. O trabalho colaborativo, um campo de estudo. In: PLACCO, V. M. N. S.; ALMEIDA, L. R. de (org.). *O coordenador pedagógico e o trabalho colaborativo na escola*. São Paulo: Loyola, 2016. 9-23.

PLACCO, V. M. N. S.; SOUZA, V. L. T. O que é formação? Convite ao debate e à proposição de uma definição. In: PLACCO, V. M. N. S.; ALMEIDA, L. R. de (org.). *O coordenador pedagógico e seus percursos formativos*. São Paulo: Loyola, 2018. 9-16.

SANCHES, E. M. B. C. C. (org.) et al. Uma janela de possibilidades na educação da infância em tempos de pandemia. In: *Manifesto do Grupo de Pesquisa Políticas Públicas da Infância – Criando PUC-SP*. Campinas: Pontes Editores, 2020.

SZABO, K. *Formação Contínua: o fortalecimento da dupla gestora na Educação Infantil*. 189 fls. Tese (Doutorado em Educação: Psicologia da Educação) — Pontifícia Universidade Católica de São Paulo, São Paulo, 2021.

SZYMANSKI, H. *A entrevista na educação: a prática reflexiva*. 4. ed. Brasília: Líber Livro Editora, 2011.

VAILLANT, D. *Liderazgo escolar, evolución de políticas y prácticas y mejora de la calidad educativa*. UNESCO, 2015. Disponível em: <https://www.researchgate.net/publication/275517675_Liderazgo_escolar_evolucion_de_politicas_y_practicas_y_mejora_de_la_calidad_educativa_Denise_Vaillant_2015>. Acesso em: 05 fev. 2021.

WARSCHAUER, C. *Rodas em Rede: oportunidades formativas na escola e fora dela*. 2. ed. Rio de Janeiro: Paz e Terra, 2017.

ZABALZA BERAZA, M. A. Novos desafios na formação de professores. Trad. Hildegard Susana Jung. In: IMBERNÓN, F.; NETO, A. S.; FORTUNATO, I. (org.). *Formação permanente de professores: experiências ibero-americanas.* São Paulo: Hipótese, 2019. 06-24.

O coordenador pedagógico e a formação de professores especialistas: mitos e desafios enfrentados

Lisandra Cristina Saltini[1]
lis_saltini@hotmail.com

Laurinda Ramalho de Almeida[2]
laurinda@pucsp.br

Introdução

> Se as coisas são inatingíveis... ora!
> Não é motivo para não querê-las...
> Que triste os caminhos, se não fora
> A presença distante das estrelas!
>
> (Mario Quintana, 1951)

O papel do coordenador pedagógico na formação de professores, sua implicação no desenvolvimento profissional da equipe docente e sua contribuição para a melhoria dos processos pedagógicos na escola têm sido temas bastante discutidos nas duas últimas décadas (PEREIRA, 2017; 2021). Muito se tem avançado no sentido de

---

1. Mestre em Educação: Formação de Formadores e graduada em Psicologia, ambas pela PUC-SP. Analista de Projetos Socioeducacionais no Instituto Unibanco.
2. Professora Doutora dos Programas de Pós-Graduação em Educação: Psicologia da Educação e Formação de Professores, ambos da PUC-SP; orientadora da dissertação que deu origem a este capítulo.

compreender o quanto esse profissional tem um papel central na formação contínua de professores, quando pensamos nos processos formativos centrados na escola.

No entanto, nossa experiência, participando de processos formativos para e com coordenadores pedagógicos dos anos finais do Ensino Fundamental e do Ensino Médio, tem evidenciado que um questionamento ainda paira sobre muitos desses coordenadores e professores especialistas: é realmente possível o coordenador pedagógico ocupar tal lugar na escola? Quais são suas possibilidades de contribuir para a formação do professor, levá-lo a refletir sobre suas escolhas pedagógicas, sobre sua forma de ensinar, suas concepções de ensino e aprendizagem? É possível considerarmos essas relações atingíveis entre coordenador e professor?

No Ensino Médio, assim como nos anos finais do Ensino Fundamental, o coordenador tem, na maioria das vezes, um campo de atuação ainda mais desafiador do que nas demais etapas de ensino. Os professores de tais segmentos são especialistas e dominam conhecimentos que, na maioria das vezes e com razão, não são de domínio do coordenador pedagógico. Esse profissional — que geralmente não possui uma formação específica para assumir a função e que, até outro dia, era professor, exatamente como seus colegas — agora precisa acompanhar a aprendizagem dos estudantes sob sua responsabilidade e formar professores no que diz respeito às suas práticas de ensino e às diretrizes recebidas das Secretarias de Educação[3].

O coordenador pedagógico desses dois segmentos de ensino, em relação aos anos iniciais do Ensino Fundamental e a Educação Infantil, lida com um número elevado de componentes curriculares em uma mesma etapa de ensino, o que demanda um trabalho integrado,

---

[3]. Na rede de ensino estadual paulista, o coordenador pedagógico é uma função, não um cargo; portanto, é um professor que assume a coordenação, e é deste coordenador que vamos tratar aqui. Embora apareça nas normas legais como professor coordenador, vamos tratá-lo no texto como coordenador pedagógico (CP).

interdisciplinar e extremamente conectado. Além disso, o perfil dos professores dessa etapa de ensino muda, já que os polivalentes são substituídos por especialistas de diferentes áreas de conhecimento. Porém, mesmo com tantas especificidades e desafios, partimos, neste texto, da convicção de que o coordenador pedagógico atuante nos anos finais do Ensino Fundamental e Ensino Médio tem um papel fundamental na perspectiva colaborativa da formação de professores especialistas, sendo peça-chave para o desenvolvimento da formação contínua centrada na escola. Entendemos, ainda, que o espaço da escola pode se tornar um lugar privilegiado para o desenvolvimento não apenas de alunos, mas também de professores. Considerando essas duas premissas, tomamos a decisão pela pesquisa sobre tal temática: como o coordenador pedagógico exerce seu papel de formador de professores especialistas.

Para as pesquisadoras Almeida e Placco (2009), a escola só pode ser considerada um lugar privilegiado para o desenvolvimento da formação do docente uma vez que o coordenador pedagógico se comprometa a "oferecer condições ao professor para que se aprofunde em sua área específica e trabalhe bem com ela" (ALMEIDA; PLACCO, 2009, p. 39). Para as autoras, compete ao coordenador pedagógico, portanto, as funções de "articulador, formador e transformador". Seu papel não deve se configurar como de um profissional responsável por "tomar conta dos professores", tampouco como o de "gerente" das autoridades ou como o responsável por *cobrir buracos* dos demais profissionais da escola. O coordenador pedagógico tem "uma função mediadora no sentido de revelar/desvelar os significados das propostas curriculares" (ALMEIDA; PLACCO, 2009, p. 38), e esse é um papel fundamental e de enorme relevância na conquista da melhoria da aprendizagem.

Dessa forma, Almeida e Placco (2009) chamam a atenção para o lugar pedagógico que o coordenador deve e pode assumir na escola ao ocupar sua posição de formador. O resgate do pedagógico na escola é o resgate da legitimidade do trabalho do coordenador como responsável pelo desenvolvimento de **competências para ensinar**.

A pesquisa de Saltini (2022), voltada para o tema, teve como objetivo investigar como o coordenador pedagógico exerce seu papel de formador de professores especialistas. Para tanto, buscou dialogar, via entrevistas, com quatro coordenadores da Rede Estadual de Ensino de São Paulo, atuantes na capital do estado, com vistas à produção de informações. Os participantes são aqui identificados com os nomes fictícios de **David, Laís, Mara e Rafael**.

Ao longo desse capítulo, tecemos algumas considerações sobre como esses coordenadores demonstram se relacionar com as duas premissas aceitas por nós: a escola também deve ser entendida como *lócus* no qual professores aprendem — e aprendem essencialmente a sua profissão (CANÁRIO, 1998); a legitimidade do coordenador pedagógico na escola se dá pelo seu fazer pedagógico (ALMEIDA; PLACCO, 2009; ALMEIDA, 2018). A partir de tais considerações, importa-nos identificar como esses coordenadores se percebem no lugar de formadores de docentes, quais são alguns de seus desafios e mitos criados sobre ser um bom formador e como se relacionam com o fazer pedagógico dentro da escola.

Para tanto, apresentamos recortes das ideias levantadas na pesquisa e trechos das entrevistas, destacando alguns dos desafios vivenciados pelos coordenadores pedagógicos, assim como possibilidades de atuação que enxergam para realizar suas atribuições no dia a dia, já que formar pode, muitas vezes, apresentar-se como possibilidades "inatingíveis", o que não deve ser "motivo para não querê-las", conforme nos chama a atenção Mario Quintana (1951).

Desafios e mitos sobre o formar

Antes de nos aprofundarmos nos desafios e mitos sobre o lugar de formador do coordenador pedagógico dentro da escola, consideramos importante apresentar a pertença dos entrevistados quanto à atribuição de ser formador.

> *Primeiro formar o professor, né? Eu entendo que essa é a atribuição primordial do coordenador. Esse formar o professor passa*

pelas estratégias de ensino e pensar com o professor como que o outro aprende... depende da idade. (Laís)
Eu sempre pensei assim: a principal atribuição do coordenador é formar o corpo docente. Você deve sempre trabalhar nessa formação contínua do docente, sempre para melhorar a didática, a metodologia, estratégias de aula, né? (Rafael)
Quais eram minhas principais atribuições? Eram os momentos de formações da semana. (David)

Para três dos quatro entrevistados, a atribuição de formar é identificada como principal função da coordenação pedagógica. No entanto, mesmo sendo a atribuição central no trabalho do coordenador pedagógico, formar professores especialistas está longe de ser uma tarefa simples. Conforme pesquisa realizada pelas autoras Placco, Almeida e Souza (2011), poucos são os coordenadores pedagógicos que conseguem assumir tal tarefa, uma vez que enfrentam inúmeros desafios para conseguir, efetivamente, realizar ações de formação contínua centrada na escola. Dentre os desafios apontados, os coordenadores destacam: questões metodológicas que envolvem as formações; dificuldades pessoais; falhas na sua formação inicial; limitações para exercer a liderança do coletivo de professores; e pouco domínio dos conteúdos específicos de cada uma das áreas do conhecimento.

Especificamente sobre o último desafio apontado, as autoras destacam o quanto o coordenador pedagógico se sente carente de conhecimentos disciplinares e pedagógicos para alcançar os resultados esperados na sua atribuição de formar professores especialistas.

Contudo, o que de fato limita ou dificulta a realização dessas formações que envolvem coordenador e professor dentro do espaço escolar? O que é esperado que o coordenador domine para realizar a formação contínua centrada no espaço da escola?

A forma como os coordenadores percebem e lidam com cada um dos desafios apontados pode, por vezes, limitar ou mesmo inibir sua atuação na formação da equipe docente. O que ocorre é que, muitas vezes, o coordenador, diante dos receios e da falta de maior nitidez sobre suas atribuições, cria mitos que determinam o que é ser um bom formador, o que o leva a acreditar que não está à altura de formar professores especialistas, por não possuir os conhecimentos necessários para os diferentes diálogos com cada uma das áreas do conhecimento, assim como a enxergar os docentes como resistentes a suas propostas formativas centradas na escola.

Para os coordenadores entrevistados, formar a equipe docente se configura como uma de suas principais atribuições na escola, porém, também como uma das mais desafiadoras.

> [...] de todas elas [atribuições], eu penso que, se você entender que o seu papel principal é o de formar, e que também é o seu desafio como professor coordenador... ser formador de professores. Se você entender isso, todo o resto caminha. Eu penso que o formador ainda é o inicial, mas é o mais difícil e que toda as outras [atribuições] vão se articulando com o papel da formação, com a ação do formar. (Laís)

Laís percebe a formação de professores como central no trabalho da coordenação pedagógica da escola, e com a qual todas as demais atribuições se articulam. Ao mesmo tempo, ela também configura essa tarefa como uma das mais desafiadoras.

Os demais coordenadores entrevistados reforçaram que um dos desafios mais significativos com os quais se deparam passa pelo fato de não dominarem os conteúdos que o professor especialista domina, o que os leva a não se sentirem capacitados a assumir a liderança dos processos formativos na escola. David explicita seus desafios:

> Eu sou formado em Ciências Biológicas e Química, então, às vezes, apesar de a gente ter especializações em áreas distintas, às vezes é um pouco complicado eu entender outras questões por não serem da minha formação. É óbvio que nós, enquanto coordenadores, sempre procuramos estudar, procuramos compreender, buscar aquilo para podermos discutir, mas nada como ter alguém formado na área. [...]

> *Existiam sempre muitas habilidades que eu ia trabalhar e que eu não tinha o conhecimento, e, às vezes, eu ficava na dependência do professor especialista ali presente comigo, que muitas vezes era resistente. Então, não existia uma contribuição e se tornava uma formação com um déficit muito grande, né? Eu tinha um domínio de falar dentro da biologia, dentro da química, mas, aí, quando fugia, exigia muito de mim. Óbvio que faz parte do coordenador, mas eu acho que o especialista da área já facilita muito essa questão, né? Já não é um entrave.* (David)

David nos apresenta, nesse excerto, o que entendemos ser um dos mitos do bom formador: é preciso dominar conteúdos específicos de cada uma das áreas de conhecimento para realizar uma boa formação. Em seu relato, fica evidente que, ainda que se preocupe em estudar e preparar-se para o diálogo com os docentes, sempre se sente em falta ao formar professores de áreas diferentes da de sua formação.

E quais são os conteúdos formativos necessários para uma boa formação entre coordenadores e professores especialistas, com graduações distintas?

Gouveia e Placco (2013, p. 74) citam Shulman para responder:

> [...] outorgar ao conhecimento didático um papel central na formação, isto é, ajudar os professores a compreender melhor as interações que se produzem entre o professor, os alunos e o objeto de ensino e discutir os problemas que estão vinculados ao ensino para incidir em uma melhor qualidade de aprendizagem dos alunos. É buscar compreender cada vez mais os modos de ensino capazes de transmitir o conteúdo da forma mais compreensível possível para os outros. (SHULMAN, 2005)

Assim como Shulman (2005), entendemos que a formação contínua centrada na escola deve ter, como eixo central, o conhecimento didático, o que significa trabalhar estratégias de ensino junto aos professores, levando-os a refletir sobre como os estudantes aprendem e instrumentalizando-os sobre as diferentes formas do ensinar. Refletir com os professores quais as questões de ensino derivadas de sua área de conhecimento, os problemas vinculados à aprendizagem e o papel das interações no processo ensino-aprendizagem deve configurar um dos principais objetivos do coordenador pedagógico na formação com os professores.

Lerner também nos auxilia nessa discussão sobre os conteúdos formativos, descrevendo o que chamamos de conhecimentos didático-pedagógicos:

> [...] o saber didático é construído para resolver problemas próprios de comunicação do conhecimento, é o resultado do estudo sistemático das interações que se produzem entre o professor, os alunos e o objetivo de ensino; é produto da análise das relações entre o ensino e a aprendizagem de cada conteúdo específico; é elaborado através da investigação rigorosa do funcionamento das situações didáticas. (LERNER, 2002, p. 105)

Concordamos com a autora quando afirma que é necessário outorgar ao conhecimento didático um papel central na formação, isto é, ajudar o professor a compreender melhor as interações que se produzem entre o professor, o estudante e o objeto de ensino e, assim, discutir sobre os problemas que estão vinculados ao ensino ou à aprendizagem escolar de determinados conteúdos e sobre as melhores condições de ensino que possam incidir na qualidade da aprendizagem. Nesse sentido, o que ganha centralidade nos processos formativos é a busca e a construção conjunta de modos de ensino que sejam realmente capazes de garantir as aprendizagens.

A convicção de que os coordenadores pedagógicos se encontram à altura para formar uma equipe de docentes mais especializada apenas ao dominarem os conteúdos específicos de cada uma das áreas do conhecimento aparece nos relatos dos quatro profissionais entrevistados. Contudo, chama nossa atenção que, diante do mesmo mito, cada coordenador se experimenta nessa difícil tarefa de formar professores de maneiras bastante distintas.

A coordenadora Laís, ainda que perceba ser desafiador formar professores especialistas, identifica que existe um eixo central comum às formações contínuas na escola e que esse diálogo, portanto, independe da área e da disciplina desses docentes. Ao identificar que existe esse eixo comum e possível, ela se fortalece para o diálogo formativo e experimenta-se nessa atribuição, mesmo relatando receios equivalentes aos demais coordenadores pedagógicos.

> *O coordenador pedagógico... um dos trabalhos é isso: o coordenador entender que ele precisa conhecer o seu grupo e entender as diferentes áreas de experiência que cada professor tem. Quando eu falo dessa questão das áreas do conhecimento, particularmente, acho que foi um avanço, no meu caso. Eu adorava fazer a formação às quartas-feiras, minha área de conforto; as terças-feiras também não eram tão difíceis, Ciências Humanas se aproximam muito, História e Geografia, se aproximam muito da Literatura, para mim era muito tranquilo. Mas quinta-feira, Ciências Exatas e Matemática, que é o que a gente foge, né? No meu caso, era muito difícil, e eu me desafiei, eu sempre falei: bom, não é a minha área, mas as estratégias de ensino não mudam, então, como eu posso auxiliar esse grupo de professores? [...] E o que acontecia? Por eles saberem que eu não era da área, eles entendiam que o meu esforço era maior para eles, e a gente sempre discutia muito mais coisas do que nos outros, porque era o meu desafio. Era engraçado isso. [...] Porque eu ia para a estratégia dentro da aula deles, e depois a gente ampliava isso para as outras áreas.* (Laís)

Laís não desconsidera que o domínio dos conteúdos específicos de cada uma das áreas de conhecimento pode contribuir ainda mais para o diálogo formativo com os docentes, porém, não encara a falta de tais conhecimentos como limitante para a realização das formações, tampouco como critério sobre a qualidade dessa formação, conforme percebemos no relato de David.

Outro desafio da coordenação pedagógica sobre a atribuição de formar professores configura-se na relação do coordenador pedagógico com o grupo docente, o que leva à criação de outro mito, que coloca o professor como resistente a qualquer processo de formação contínua centrada na escola.

Diferentemente de Laís, os outros entrevistados trouxeram em seus relatos como percebem suas relações com os docentes e como se colocam diante dessa relação.

O primeiro desafio que você tem que quebrar é que há uma resistência, normalmente do corpo docente, com relação a receber essas formações, né? (Rafael)
É o professor. O professor, você acredita nisso? Não é o aluno. O adolescente, ele é aberto para aprender, e o professor, ele tem uma certa resistência, né? (Mara)
Existiam sempre muitas habilidades que eu ia trabalhar e que eu não tinha o conhecimento, e, às vezes, eu ficava na dependência do professor especialista ali presente comigo, que muitas vezes era resistente. (David)

 Ao longo das entrevistas, evidenciam-se questões relacionais que perpassam esses espaços formativos conduzidos pelos coordenadores pedagógicos. David, Rafael e Mara declaram precisar lidar com a resistência do professor e com a dificuldade do docente em aceitar a formação proposta, os conteúdos abordados ou mesmo a opinião e a posição que assumem, mas não se voltam para sua própria atuação como componente da resistência dos professores.
 Esse mito da resistência também corrobora para que assumam o lugar de formadores com certa fragilidade, ora por não deixarem transparecer sua inexperiência, acreditando que isso pode gerar desconfiança na equipe de docentes, ora por acreditarem não dominar estratégias formativas necessárias para promover o processo formativo de sua equipe.
 É importante que o coordenador pedagógico compreenda que os conhecimentos que possui sobre a didática, sobre os processos de ensino e sobre as relações interpessoais são centrais para a formação de sua equipe docente, assim como sua capacidade de estimular o grupo de professores a refletir conjuntamente, construir caminhos comuns e trocar experiências. Quando não é capaz de identificar quais são as centralidades desses diálogos formativos, acaba, muitas vezes, deixando-se levar pelos mitos construídos sobre o ser bom formador e,

como no caso da Mara, só compreende que é capaz de assumir tais formações com o apoio de roteiros que sustentam esses diálogos.

> *Como não tínhamos um roteiro, meio que nós estávamos meio abandonados, vamos dizer assim. Então, você pesquisava temas interessantes, e apresentávamos para os professores, era isso que fazíamos. [...] Antes, a gente tinha sempre que usar nossa criatividade. Acho que ficava sempre faltando algo, acho que ficava sempre raso; a gente dava a formação que tinha que dar, mas como era tudo muito corrido, na realidade, você ficava mais com a burocracia.*
>
> *[...] fazia os professores corrigirem as avaliações de português e matemática [...] ou seja, usava a parte da formação na burocracia, para fazer separação de materiais, corrigir prova de matemática e português [...] o preenchimento do Diário [...] às vezes, eles [os professores] pediam para preencher o Diário, quer dizer, a parte burocrática, não a parte pedagógica.* (Mara)

 Em outros trechos da entrevista, Mara ainda enfatiza que se dedica a assumir tantas outras demandas que surgem de urgência, no dia a dia da escola, e que não apenas não se relacionam com o seu fazer pedagógico, como a retiram ou a impedem de assumir o lugar de formadora. Ao atender a essas diferentes demandas, sem questioná-las, a coordenadora assume como pertença tudo o que lhe é atribuído como expectativas dos demais sujeitos da escola.

 Para muitos coordenadores, assumir diferentes tarefas, no dia a dia da escola, pode representar certo alívio. Por mais que essas outras atribuições não sejam específicas de sua função, elas lhes parecem mais familiares, conhecidas e até mesmo são vistas como mais prazerosas. Para Mara, a tensão e as contradições colocadas no desempenho da função do coordenador pedagógico podem se resolver com a opção de corresponder às demandas apresentadas pela comunidade escolar. Não percebe que entendê-las como parte da sua função pode levar a desvios das atribuições do coordenador pedagógico e impossibilitar que ações relevantes, ligadas ao fazer pedagógico, sejam realizadas e valorizadas.

Mas qual a história individual e profissional de Laís, que lhe permite dizer não a muitas das demandas de sua escola, e qual a história de Mara, que a leva a assumir atribuições que não lhe cabem e até a assumi-las de forma prazerosa? Investigar a história pessoal e profissional, sem dúvida, é decisivo para o aprofundamento desse tema e, embora não tenha sido o objetivo deste capítulo, vale lembrar o capítulo de Tahan e Placco (2021), na coleção coordenador pedagógico, sobre essa temática, que evidencia as marcas deixadas, na constituição profissional do CP, pelas relações vividas e a reverberação em sua prática profissional.

Assim como Bonafé, Almeida e Silva (2018), compreendemos a coordenação como realmente pedagógica quando ela é capaz de realizar intervenções intencionais junto aos professores, ajudando-os a construir propostas de ensino que favoreçam, de fato, as aprendizagens dos estudantes. Sendo assim, esconder-se desse papel formativo retira do coordenador sua principal e mais importante função. O pedagógico da coordenação pedagógica está em contribuir para que o ensino se realize com qualidade, a partir de objetivos claramente definidos para e por toda a escola (ALMEIDA, 2018). Dessa forma, o compromisso pedagógico do coordenador passa pelo olhar atento, e um tanto corajoso, sobre seu papel diante do processo de ensino e aprendizagem, sendo uma ação que transita entre coordenador e professor e entre este com o estudante.

Algumas conclusões

Quando falamos em formação contínua que ocorre no e pelo espaço da escola, o coordenador pedagógico ganha um lugar de destaque, sendo peça-chave para o desenvolvimento da formação do professor, pois é ele quem está mais próximo dos professores e pode, portanto, construir com eles uma boa parceria, propondo momentos efetivamente formativos durante os horários coletivos previstos na escola. Porém, três dos nossos entrevistados evidenciam que exercer tal função ainda está distante de ser algo que o coordenador pedagógico realize com total domínio.

Provocadas a pensar sobre as possibilidades da coordenação pedagógica na relevante tarefa de formar professores especialistas e convictas de que a escola é um *lócus* privilegiado para a realização de tais formações, acabamos por identificar que, diante dos inúmeros desafios apresentados para o coordenador pedagógico ao ser convocado a assumir a condução de processos formativos junto a professores especialistas, os coordenadores criam mitos que ajudam — ou atrapalham — a definir o que significa ser um bom formador. Tais mitos são constituídos tanto por aquilo que compreendem precisar dominar para assumir o papel de formador, como por enxergarem suas relações com os professores especialistas de modo equivocado.

Assumir o fazer pedagógico depende de muitos fatores; um deles, sentir-se confiante de que domina os conhecimentos necessários para sua interlocução com o professor. Ao sentir-se seguro para ocupar tal espaço, o coordenador pedagógico derruba alguns desses mitos e assume outra posição diante dos múltiplos desafios do seu dia a dia, conforme nos mostra em seu relato a coordenadora Laís.

> *O desafio do coordenador é entender o papel dele na gestão... Porque a gente é o centro da escola. [...] Às vezes, você, no começo, quer ajudar todo mundo, porque você quer ser bom de alguma forma, porque você quer ajudar. Mas, na verdade, não faz parte desse processo, você precisa dizer não, e isso é um aprendizado para o coordenador, esse é o desafio. Você, sendo o centro, não é dizer sim, é dizer não.*
>
> *[...] de todas elas, eu penso que, se você entender que o seu papel principal é o formar e que é o seu desafio como professor coordenador [...] ser formador de professores. Se você entender isso, todo o resto caminha.* (Laís)

Laís reconhece o desafio de formar como um desafio possível de ser assumido e vencido. Em diversos momentos de sua entrevista, fica evidente como se experimenta nesse lugar de formadora da equipe docente e o que tem a seu favor para planejar e realizar boas formações. Dentre os aspectos que a coordenadora destaca ter a seu favor, um deles vem ao encontro da premissa apresentada no início deste capítulo: a escola deve ser compreendida como um lugar privilegiado para a realização da formação contínua de professores.

> *Desde agosto de 2019, a Secretaria enviava as pautas. Inicialmente, foi mensal, passou a ser quinzenal e depois semanal. As pautas que a gente deveria tratar com os professores, independente da área do conhecimento. Tinha pauta das áreas e tinha também as pautas gerais. Vou ser sincera, eu pouco as usava, por quê? Porque, como eu conhecia uma parte do grupo, o que eu fazia: eu não usava sem ter lido antes. Eu olhava para as pautas que estavam ali, estudava e pensava: "não vai funcionar, vou perder meu tempo". Então, eu elaborava a minha pauta. [...] Meu olhar como formadora, eu não podia falar que todo mundo não sabia nada, ou que sabiam tudo, mas eu tinha que partir do que os professores tinham me dito. Então, foi assim que eu fiz e sempre faço, mas geralmente olhando para essas questões, do que é real do grupo para o que vem da Secretaria, com esse formato 2020/21.* (Laís)

Para a coordenadora, somente a partir da relação estabelecida com sua equipe torna-se possível construir caminhos e estratégias formativas mais aderentes às necessidades dos docentes de sua escola. Enfatiza a importância de avaliar os materiais cedidos pela Secretaria, para decidir como adequá-los aos desafios dos seus professores, sem o que suas formações correrão o risco de não serem bem recebidas pelo corpo docente. O que ela faz com convicção é assumir sua posição como formadora, legitimando seu papel. Não há, na posição de Laís, a negação ao que a Secretaria lhe encaminha. Há, sim, um olhar crítico ao que recebe e um respeito ao saber de sua equipe.

A partir do olhar formador de Laís, o que desejamos acentuar é que, para assumir-se formador, o coordenador pedagógico precisa assumir o risco de experimentar diferentes caminhos junto à equipe docente e saber identificar os ganhos que tem a seu favor por ser um profissional do chão da escola, que está dia a dia ao lado do professor, acompanhando seu trabalho e a reverberação desse trabalho nas aprendizagens dos alunos.

Uma das forças da formação contínua centrada na escola está exatamente na possibilidade das interações face a face, da construção de vínculos e da formação de parcerias. Interações de confiança contribuem para desconstruir mitos equivocados e vencer os desafios.

Como Mario Quintana, acreditamos que, se o coordenador não atingiu a potência desejada como formador de professores especialistas, como aquele que acompanha o professor, que caminha ao seu lado no processo de ensino, que lhe dá a mão, que se coloca parceiro de suas angústias e abre espaço para que enxergue novas e melhores possibilidades no seu fazer, não é motivo para não desejar o brilho das estrelas refletido em sua equipe, a partir de sua ação formadora.

Referências

ALMEIDA, L. R. Qual é o pedagógico do Coordenador Pedagógico? In: ALMEIDA, L. R.; PLACCO, V. M. N. S. (org.). *O coordenador pedagógico e seus percursos formativos*. São Paulo: Loyola, 2018. 17-34.

ALMEIDA, L. R; PLACCO, V. M. N. S. O papel do coordenador pedagógico. In: *Revista Educação*. São Paulo, v. 12, n. 142 (fev. 2009). 7-11.

BONAFÉ, E. M.; ALMEIDA, L. R.; SILVA, J. M. S. O coordenador pedagógico que dá conta do pedagógico, na perspectiva de professores. In: ALMEIDA, L. R.; PLACCO, V. M. N. S. (org.). *O coordenador pedagógico e seus percursos formativos*. São Paulo: Loyola, 2018. 35-52.

CANÁRIO, R. A escola: o lugar onde os professores aprendem. In: *Revista Psicologia da Educação*. In: *Revista do Programa de Estudos pós-graduados PUC-SP*. São Paulo, n. 6 (jan/jun. 1998). 9-27.

GOUVEIA, B.; PLACCO, V. M. N. S. Formação permanente, o papel do coordenador pedagógico e a rede colaborativa. In: ALMEIDA, L. R.; PLACCO, V. M. N. S. (org.). *O coordenador pedagógico e a formação centrada na escola*. São Paulo: Loyola, 2013. 69-80.

LERNER, D. *Ler e escrever na escola: o real, o possível e o necessário.* Porto Alegre: Artmed, 2002.

PEREIRA, R. *O desenvolvimento profissional de um grupo de coordenadores pedagógicos iniciantes: movimentos e indícios de aprendizagem coletiva, a partir de uma pesquisa-formação.* 2017. 251 f. Tese (Doutorado em Psicologia da Educação). Pontifícia Universidade Católica de São Paulo, 2017.

_____. Revisitando a coleção "Coordenador pedagógico" vinte anos depois: temas e tendências. In: ALMEIDA, L. R.; PLACCO, V. M. N. S. (org.). *O coordenador pedagógico e as relações solidárias na escola.* São Paulo: Loyola, 2021. 165-187.

PLACCO, V. M. N. S.; ALMEIDA, L. R. S.; SOUZA, V. L. T. *Relatório: O Coordenador Pedagógico e a Formação de Professores: Intenções, Tensões e Contradições.* Pesquisa desenvolvida pela Fundação Victor Civita. Jun. 2011.

QUINTANA, M. Das Utopias. In: Id. *Espelho Mágico.* São Paulo: Editora Globo, 1951.

SALTINI, L. C. *A escola como espaço privilegiado de formação pedagógica para o professor.* 2022. 154 f. Dissertação (Mestrado em Educação: Formação de formadores). Pontifícia Universidade Católica de São Paulo, São Paulo, 2022.

SHULMAN, L. S. Conocimiento y enseñanza: puntamientos de la nueva reforma. In: *Profesorado. Revista de curriculum y formación del profesorado.* Granada, v. 9, n. 2 (2005). 1-30.

TAHAN, S. P.; PLACCO, V. M. N. S. O coordenador pedagógico em sua constituição profissional: marcas deixadas pelas relações vividas. In: ALMEIDA, L. R.; PLACCO, V. M. N. S. (org.). *O coordenador pedagógico e as relações solidárias na escola.* São Paulo: Loyola, 2021. 83-100.

A organização de rotinas no planejamento da gestão escolar

Luiza Helena da Silva Christov[1]
luizachristov@gmail.com
Jeanny Meiry Sombra Silva[2]
jeanny.sombra@hotmail.com

Este capítulo é resultado de um processo formativo realizado com diretores da Educação Básica da Secretaria Municipal de Educação de São Paulo. O texto está dividido em duas partes: na primeira, Christov, coordenadora do projeto, apresenta o contexto da ação e seus pressupostos; na segunda, Silva, atuando como formadora, relata uma experiência de formação realizada no âmbito desse projeto. Ao final, são apresentadas algumas considerações.

Uma política pública de formação continuada

O Projeto para Formação de diretores das escolas da Rede Municipal de Ensino de São Paulo começou a ser planejado em 2018 e 2019, quando recebemos o convite da Divisão de Educação Infantil — DIEI, para apresentar uma proposta que pudesse abarcar

---

1. Doutora em Educação: Psicologia da Educação, PUC-SP. Professora doutora do Instituto de Artes da UNESP e de A Casa Tombada — lugar de arte, cultura e Educação. Coordenadora do Projeto para Formação de Diretores das escolas da Rede Municipal de Ensino de São Paulo.
2. Doutora em Educação: Psicologia da Educação, PUC-SP. Professora universitária e formadora contratada SME-SP.

o universo dos diretores das escolas, incluindo Educação Infantil (rede regular); Ensino Fundamental, Ensino Médio e Ensino de Jovens e Adultos, atendendo a 1529 diretores e diretoras.

A proposta, aprovada em seu mérito por gestores da Coordenadoria Pedagógica da Secretaria Municipal de Educação de São Paulo — COPED, exigiu longo processo de cuidados jurídicos e pedagógicos para ser instalada junto aos diretores em 2020. Em continuidade em 2021 e 2022, uma equipe de formadores externos, selecionados por meio de edital público, pode, então, instalar processos reflexivos junto aos diretores e diretoras da rede municipal de São Paulo.

Os pressupostos centrais da proposta por nós apresentada podem ser resumidos no que diz respeito ao que valorizamos em termos de processos reflexivos para educadores.

Acreditamos que todo e qualquer processo formativo deve estabelecer um diálogo entre os saberes dos participantes e os saberes do campo científico que embasa suas experiências.

Sendo assim, os processos formativos, neste caso de diretores de escola, devem constituir momentos de levantamentos dos saberes prévios dos participantes e saberes das teorias e pesquisas que colaboram para aprofundar leituras sobre o fazer dos participantes. Os diretores e diretoras elaboram saberes práticos e teóricos no desenvolvimento da gestão e merecem o direito a uma reflexão continuada para registrar, divulgar, questionar, aprofundar e aperfeiçoar tais saberes e as práticas que inspiram e fundamentam. Merecem também atualizar suas referências teóricas e práticas por meio de discussão de leituras e de trocas de experiências com seus pares, otimizando os momentos coletivos da formação. A formação é, ainda, uma oportunidade de elaboração de sentidos sobre a experiência de gestão desenvolvida por cada um dos participantes. Oportunidade de questionar práticas que não atendem ao compromisso de cuidar do conhecimento e desenvolvimento de bebês, crianças, jovens e adultos. Oportunidade, ainda, de dar visibilidade aos modos exitosos de ser gestor e que são criados cotidianamente em suas unidades.

Assim, o projeto formativo não poderia perder de vista as referências já conquistadas e valorizadas pelas políticas implementadas pela Secretaria Municipal de Educação de São Paulo, com destaque para o Currículo da Cidade.

Neste texto, destaca-se o trabalho realizado no âmbito da Educação Infantil, junto à Diretoria Regional de Ensino de Jaçanã/Tremembé.

Relato de uma experiência de formação com diretores

Não são poucas as atribuições e responsabilidades do gestor. O ritmo e os movimentos da escola podem impor-lhe uma rotina de trabalho intensa e, por vezes, incontrolada, dificultando a realização de suas tarefas, sobretudo as pedagógicas. A esse respeito, uma diretora afirmou:

Meu maior desafio é o tempo. Como há inúmeras demandas diárias, tenho que administrar o tempo entre o que é mais importante para o momento, deixando para mais tarde ou para os dias posteriores os demais assuntos. Tenho sempre a sensação de que o tempo não dá para dar conta de tudo. (Joana[3], diretora de EMEI)

Compreender a importância da gestão, organização e bom uso do tempo são aspectos que podem auxiliar o gestor escolar. Nesse sentido, apresentamos neste texto um relato de uma prática de formação realizada com diretores de educação infantil de uma Diretoria Regional – DRE da Secretaria Municipal da Educação de São Paulo. Fazem parte dessa DRE 24 Centros de Educação Infantil (CEI), 38 Escolas Municipais Educação Infantil (EMEI), dois Centros Municipais de Educação Infantil (CEMEI) e uma Escola Municipal de Educação Bilíngue para Surdos (EMEBS).

---

3. Os nomes dos(as) diretores(as) foram alterados neste texto.

A temática do encontro: "o planejamento da rotina do diretor" foi uma demanda do grupo e teve os seguintes objetivos: refletir sobre o fazer diário; discutir possibilidades de qualificar a rotina; compartilhar experiências de gestores sobre sua organização da rotina. O referencial teórico que serviu de base para a discussão foi o texto de Placco (2003), intitulado: "o coordenador pedagógico no confronto com o cotidiano da escola", no qual a autora, baseando-se nos estudos de Gonçalves (1995) e Matus (1991), propõe quatro categorias fundamentais para a organização do trabalho que podem contribuir para o estabelecimento de critérios de uma boa rotina, tanto para coordenador quanto para o diretor de escola. São elas: importância, rotina, urgência e pausa. Conforme explicitado a seguir:

- Importância: refere-se às atividades que estão previstas no PPP da escola, implicadas com o atendimento das "metas e finalidades a longo, médio e curto prazo". As atividades caracterizadas como de "Importância" são estabelecidas pelos diagnósticos realizados e priorizadas para o atendimento das necessidades pedagógicas da escola e avanço das aprendizagens dos estudantes.
- Rotina: as atividades dessa categoria são aquelas que dizem respeito ao funcionamento cotidiano da escola. São essenciais à manutenção dos processos de "decisão-ação".
- Urgência: atividades de "Urgência" são aquelas não previstas na rotina e que necessitam de atendimento tão logo ocorram. Significam a "quebra de Rotinas".
- Pausa: atividades de "Pausa" destinam-se ao atendimento das necessidades individuais do sujeito e incluem momentos de comunicação entre os professores. Tais momentos favorecem as relações e fortalecem as parcerias.

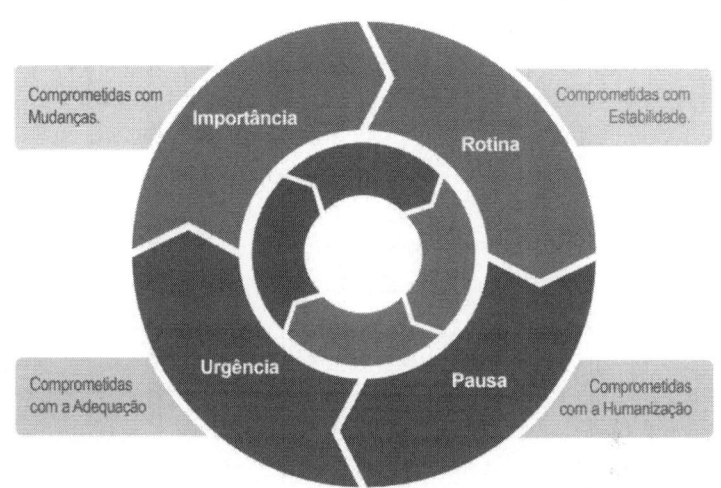

Figura. Critérios de uma boa rotina.

Fonte: SÃO PAULO, 2019.

Antes de apresentar tais conceitos aos diretores, foi proposto a eles que pensassem na sua rotina diária: o que você faz todos os dias na escola? Cada ação deveria ser registrada separadamente em um *post-it* e colada em um único painel, o qual rapidamente ficou repleto.

A partir disso, foi feita uma discussão sobre as quatro categorias (PLACCO, 2003) e como cada uma delas se relacionava com o trabalho cotidiano do diretor. Na sequência, foi feita uma leitura individual de cada *post-it* pela formadora, com o seguinte questionamento: essa tarefa se encaixa em qual categoria? As respostam indicavam a compreensão do grupo sobre os conceitos discutidos e revelavam nuances de sua prática. Os *post-its* lidos e discutidos foram agrupados pelos diretores em quatro painéis de suas respectivas categorias.

Essa discussão, intencionalmente, ocupou o maior tempo do encontro de quatro horas. O interesse não era apenas agrupar as respostas nas categorias, mas, principalmente, criar condições para que o grupo refletisse no seu fazer diário, problematizando algumas respostas e dando espaço para que os participantes apresentassem sugestões de como realizavam tarefas similares.

Não foi difícil para os diretores concluírem que muitas ações realizadas por eles não eram da competência do diretor ou poderiam ser delegadas. Tais *post-its* ficaram de fora dos painéis. Nesse aspecto, foi oportuno discutir o conceito de atribuição e pertença de Dubar (2005). Considerando com os participantes que analisar continuamente, consigo mesmo e com a equipe gestora, suas ações corriqueiras dá ao diretor a possibilidade de identificar o que de fato lhe pertence, no que diz respeito à sua função majoritariamente gestora, e o que lhe é atribuído, algumas vezes, até indevidamente. Tudo isso contribui para o processo de constituição de sua identidade profissional (DUBAR, 2005).

Distribuir trabalhos e responsabilidades é uma maneira de exercer a gestão democrática (LIBÂNEO, 2013). Foi possível perceber, pelos comentários dos participantes, que alguns diretores temem situações embaraçosas. Como responsáveis pela escola, sabem que podem ser cobrados por aquilo que outros não realizaram. Delegar tarefas significa, então, construir competências para realizá-las. Significa também descentralizar e organizar os serviços para favorecer a tomada de decisões por quem executa as ações, tendo a clareza de que delegar não é o mesmo que vigiar, e sim acompanhar, corrigindo o que for necessário. Nesse aspecto, uma diretora comentou:

> *A gente, na escola pública, é cobrado por tudo, é o diretor quem responde por todos os processos. Isso me dava muito medo e fazia com que eu centralizasse tudo em mim. Por algumas vezes, tentei treinar outros, mas dava mais trabalho, porque eu não tinha tempo e às vezes ainda precisava refazer a tarefa. Mas daí tive que me afastar da escola por complicações em minha gestação e para licença maternidade. Quando retornei, depois de um longo período, notei que as coisas tinham acontecido sem mim. Percebi, então, que era possível e necessário delegar. Hoje, essa é uma prática que ainda tento manter, tomando o cuidado constante para que o meu lado centralizador não impere. Às*

vezes, as coisas não acontecem como eu quero, mas acontecem. Passei a relaxar mais e minha relação com a equipe melhorou muito. (Diretora Patrícia)

A separação das ações em categorias revelou também que muito do tempo do diretor é dedicado a atender urgências. Se um mesmo problema está ocorrendo com frequência, deve ser investigado, pois pode ser um indicativo de que algo não vai bem, e não ser rapidamente naturalizado e virar rotina. Nesse aspecto, uma diretora de CEI relatou que, numa mesma semana, percebeu que as crianças pequenas estavam mais agitadas do que o normal e de que não descansavam no momento dedicado ao repouso. As professoras, também sem entender, se queixavam. Depois de investigarem, descobriram que as crianças não estavam se alimentando direito naquela semana, pois estava tendo muita sobra da merenda. Averiguando com a nutricionista e com a equipe da cozinha, perceberam que os ingredientes haviam sido trocados, causando rejeição ao paladar das crianças, que não conseguiam dormir por estarem com fome.

Por outro lado, se as urgências não são decorrentes de problemas subjacentes, como é o caso de acidentes, falta de equipamento, de recursos e outras eventualidades, devem ser, conforme Placco (2003, p. 51), transformadas em rotinas, "prevendo comportamentos e ações necessárias, com pessoas responsáveis por elas, para responder por eventuais situações que, embora aparentemente inesperadas, não o são, no contexto da escola".

Na categoria da urgência também foram agrupados pelos diretores alguns *post-it* cujas ações não se configuravam como urgências, mas como atividades de importância, que poderiam ser realizadas a curto, médio ou longo prazo. Destacou-se que estabelecer uma rotina de trabalho e caracterizar as atividades desenvolvidas ao longo da semana é um bom exercício para o diretor, uma vez que permite a visão do todo e o planejamento de sua atuação.

O painel com a categoria "pausa" ficou vazio. A exemplo do que considerado por Placco (2003), os diretores também afirmaram que, absortos nas ações rotineiras e no atendimento das urgências, se desapercebem da necessidade dos momentos de pausa. O seguinte trecho do texto foi apresentado para reflexão dos participantes: quando se ignora a pausa, se desencadeia "um processo de estresse e ansiedade que, em vez de lhe permitir maior adequação do seu trabalho, mais produz deturpações, ineficiência e desvios dos objetivos" (idem, p. 50).

Esse breve relato exemplifica que o exercício realizado pelos diretores favoreceu a discussão de possibilidades de qualificar a rotina, à luz dos conceitos de Placco (2003).

A organização das rotinas dos diretores: compartilhando experiências

O momento final do encontro foi dedicado a compartilhar experiências de gestores sobre sua organização da rotina. A seguir, são apresentados alguns de seus depoimentos sobre esse aspecto:

> Eu tenho por hábito agrupar as tarefas afins. Isso me faz economizar tempo e esforço. (Diretora Ana)
>
> Tento acabar as tarefas que comecei antes de dar início a outras coisas. Me organizo para fazer certas atividades como prestação de contas, num horário em que sei que não haverá tantas interrupções. (Diretora Júlia)
>
> Minha escola tem mais de 600 crianças e muitos funcionários. Uma coisa que me ajuda é a padronização dos serviços. Por exemplo, quando cheguei a essa escola a Secretaria arquivava os documentos à sua moda. No dia que a secretária faltava ou tirava férias, eu ficava numa situação difícil. Os trabalhos desenvolvidos na escola, — sejam de limpeza, entrada e saída de alunos, o uso dos espaços e todos os trabalhos repetitivos —, precisam entrar numa rotina de procedimentos que independem da personalização de quem executa a função. (Diretor Paulo)

Um caminho, conforme sugestão do diretor Paulo, é redigir um plano que constitua um bom padrão para realizar a rotina, o qual represente o consenso dos participantes e sirva para orientar pessoas novas nas tarefas. Padronizar não significa, contudo, estabelecer modelo imitável. É preciso cuidado para evitar que os padrões se transformem em normas rígidas. Eles são meios e não são fins em si mesmo.

Por fim, destacou-se, como síntese do encontro, que existe a rotina real e a ideal; a rotina ideal deve ser perseguida, do contrário corre-se o risco de cair no imediatismo; a priorização de metas não serve apenas para apontar as atividades que serão privilegiadas, mas também as que serão sacrificadas, deixadas de fazer; os problemas emergenciais surgidos não precisam ser resolvidos necessariamente pelo diretor; muitas vezes, são mais urgentes do que importantes.

Tomar decisões diante de tantas solicitações, tantas emergências, tantas importâncias e tantos conflitos que representam o cotidiano escolar não é fácil. O ato de tomada de decisões envolve sempre a escolha de uma alternativa entre várias possíveis. O comportamento de tomar decisões com base no planejamento de uma rotina resulta em aprendizagem.

Conforme Almeida, baseando-se em Wallon (1975), "a aprendizagem é a passagem do sincretismo para a diferenciação: para aprender é preciso sair de uma situação sincrética — difusa, nebulosa — para uma mais clara, em que se percebem as semelhanças e as diferenças, as relações entre as partes e o todo" (ALMEIDA, 2003, p. 40).

É nesse caminho que o diretor se torna um verdadeiro dirigente: organiza o todo e as partes, fazendo a grande articulação da escola, com o envolvimento de todas as pessoas, levando em conta a situação concreta da escola, inserida num sistema escolar mais amplo, e os seus próprios limites, profissionais e pessoais.

Desdobramentos da ação formativa

Ao final do encontro, ficou combinado entre os participantes o compromisso de resgatar o planejamento de sua rotina, observando os aspectos que ele tem conseguido garantir — ou não — referentes ao seu trabalho. Para esse exercício, foi proposto que, ao retornarem para suas escolas, refletissem nas seguintes questões: com que frequência você se reúne com a equipe gestora para compartilhar as ações e encaminhamentos? Em que momentos você se reúne com o CP para discutir/planejar demandas pedagógicas? Qual espaço é reservado para atividades mais burocráticas? Com que frequência você participa do horário coletivo de formação e do Projeto Especial de Ação — PEA?

Decorrido um mês, abriu-se a reunião com as seguintes questões: o último encontro formativo, sobre a gestão da rotina, possibilitou alguma ressignificação em sua prática? Contribuiu para fortalecer a relação gestão/coordenação?

As respostas foram gravadas com o consentimento do grupo. Não se pretende, no curto espaço deste capítulo, discutir todas elas, mas apresentar um panorama geral da essência de suas respostas, intercalando com alguns depoimentos em primeira pessoa que apresentam de maneira mais viva as subjetividades.

Ana relatou:

> Eu e minha CP trabalhamos na mesma sala, assim conversamos todo o dia, o tempo todo, sobre os episódios da escola. Por isso, nunca achei que seria necessário agendar um horário formal de reunião com ela, com pauta para discussão, muito menos fazer desse momento uma rotina quinzenal. Mas resolvi tentar. Para minha surpresa, quando lhe perguntei o que achava sobre isso, ela me respondeu com sorriso no rosto estar esperando por esse momento há muito tempo. No dia agendado para reunião, ela apareceu com um caderno novo e escreveu na capa "para as reuniões com a diretora". Nunca pensei que isso fosse tão importante para ela; na minha leitura, ela se sentiu valorizada e eu me senti bem por fortalecer nossa parceria de trabalho.
> (Diretora Ana)

Sandra, assistente de direção, junto com sua diretora Amanda, afirmaram que, agora, diante de alguma demanda que parece urgente, se entreolham e brincam: "mas isso é emergência ou importância?". Numa alusão que passaram a avaliar com mais critério seu tempo. A diretora Alessandra explicou que a categoria pausa foi algo que ela se obrigou a estabelecer em sua rotina, sobretudo no que diz respeito à humanização das relações. Tornar-se mais próxima dos professores, afirmou, "*tem sido algo diferente, para o bem e para o mal. Alguns professores, me vendo mais presente nas reuniões do PEA começaram a fazer da reunião momentos para reclamar e para pedidos especiais*". De fato, Placco (2003) considera a importância de se encontrar um equilíbrio nesse aspecto, afirma a autora: "O exagerado relevo à humanização pode conduzir à personalização e à busca de vantagens ou ao atendimento de necessidades pessoais, o que desvirtua os objetivos institucionais e coletivos". É no convívio cotidiano que o diretor, sentindo e percebendo seu grupo, poderá encontrar tal equilíbrio, sem perder de vista as relações éticas. Conforme Placco:

> Só quando existe uma real comunicação e integração entre os autores do processo educativo há possibilidade de emergência de uma nova prática docente, na qual movimentos de consciência e de compromisso se instalam e se ampliam, ao lado de uma nova forma de gestão e uma nova prática docente. (PLACCO, 2003, p. 52)

Não foi apenas para Alessandra que a categoria pausa mostrou-se ainda um desafio, outros diretores também afirmaram que essa ainda é uma adequação que precisa ser incorporada à rotina.

Leandro disse ter feito um exercício de preencher em uma planilha semanal todas as suas ações cotidianas e com isso percebeu "para onde estava indo seu tempo". Afirmou que se deu conta da necessidade de ajustes.

A tomada de consciência é o primeiro passo para ajustes na rotina. Nóvoa (2014, p. 160) considera que o professor (e também o gestor) vivencia, em sua prática cotidiana, "momentos de ruptura" que o fazem deixar de se identificar com aquilo que faziam costumeiramente. O momento da "desidentificação" promove reflexão. Esta reflexão retroativa tem como consequência uma "tomada de consciência".

Não se pode assimilar todos os significados e sentidos atribuídos pelos participantes em um processo formativo. Fragmentos de discurso e de comportamentos são evidências que devem ser captados pelo formador. Estar atento e sensível a esses indícios ajuda o formador a elaborar boas perguntas que conduzam à reflexão (SILVA, 2019). O quanto da experiência formativa vai ser incorporada como aprendizagem e ressignificar atuações é algo impossível de apreender.

Contudo, ficou evidente, pelos depoimentos dos participantes, a compreensão de se romper com o automatismo das ações. Como afirma Wallon (1975), o hábito precede as escolhas. Toda atividade humana está sujeita ao hábito, e pode ser repetida sem reflexão.

Desconstruir práticas, mudar paradigmas e incorporar novas ações é um processo, e como todo processo, demanda tempo. O pensamento reflexivo, fundamentado, deve ser a engrenagem que movimenta a experiência do gestor; possibilitando a ressignificação da prática e seu desenvolvimento profissional.

Considerações finais

Em processos formativos, seja com professores, coordenadores ou diretores, o tema da gestão do tempo e da rotina sempre surge. No campo da formação docente, poucos estudos têm sido dedicados a essa temática. Sobretudo, estudos que apresentem possibilidades de operacionalizar a rotina. As reflexões de Placco (2003), ainda que tenham sido escritas há quase vinte anos, continuam sendo atuais e podem contribuir para o estabelecimento de critérios de uma boa rotina.

Uma boa rotina pode ser entendida como a instalação de tempos e espaços para encontros de produção de sentidos sobre o projeto pedagógico em ação, sobre o currículo vivo e as intenções e referências que se transformam em experiência. Em tempos de pressa e urgências, de desafios que emergem cotidianamente, sobretudo diante do aprofundamento das desigualdades como consequência da pandemia do Coronavírus, é importante a articulação de rotinas que permitam interromper o imediatismo mecanicista das reações para garantir correções de rumos e qualidade para o crescimento intelectual, emocional e ético dos profissionais da educação, das famílias e dos bebês, crianças, jovens e adultos acolhidos pelas redes de ensino. Mesmo considerando que, em cada escola, a rotina é singular, cada uma tem características próprias, específicas, marcadas pela trajetória e contexto de vida de seus estudantes, pela formação e vivência de seus professores, e pelas marcas de convívio estabelecidas pela comunidade onde está inserida. Projetar um modelo de rotina que atenda a tantas diferenças de realidades não foi o propósito da experiência de formação relatada neste texto. O objetivo foi apresentar um caminho. Lembrando, como afirma Guimarães Rosa: "[...] o real não está na saída nem na chegada: ele se dispõe para a gente é no meio da travessia".

Referências

ALMEIDA, L. R. Um dia na vida de um coordenador pedagógico. In: PLACCO, V. M. N. S.; ALMEIDA, L. R. *O Coordenador Pedagógico e o cotidiano da escola*. São Paulo: Loyola, 2003. 21-46.

DUBAR, C. *A socialização: a construção das identidades sociais e profissionais*. São Paulo: Martins Fontes, 2005.

GONÇALVES, C. L. *O trabalho pedagógico não docente na escola: em ensaio de monitoramento*. Dissertação (Mestrado em Educação), USP, 1995.

LIBÂNEO, J. C. *Organização e Gestão da Escola – teoria e prática*. São Paulo, Heccus, 2013.

MATUS, C. *Curso de planificação e governo – guia de análise teórica*. São Paulo: ILDES Editor, 1991.

NÓVOA, A. A formação tem que passar por aqui: as histórias de vida no Projeto Prosalus. In: NÓVOA, A. FINGER, M. *O método (auto)biográfico e a formação*. 2. ed. Natal: EDUFRN, 2014. 143-175.

PLACCO, V. M. N. S. O coordenador pedagógico no confronto com o cotidiano da escola. In: PLACCO, V. M. N. S.; ALMEIDA, L. R. *O Coordenador Pedagógico e o cotidiano da escola*. São Paulo: Loyola, 2003. 47-60.

SÃO PAULO. Secretaria Municipal de Educação – Coordenadoria Pedagógica. *Orientações didáticas do currículo da cidade: Coordenação Pedagógica.* 2. ed. São Paulo: SME/COPED, 2019.

SILVA, Jeanny M. S. *Diferentes caminhos para formação docente: estratégias empregadas por coordenadores pedagógicos.* 2019. 279 f. Tese (Doutorado em Educação: Psicologia da Educação), Pontifícia Universidade Católica de São Paulo, São Paulo, 2019.

WALLON, Henri. *Psicologia e educação das infâncias.* Lisboa: Editorial Estampa, 1975.

Desenvolvimento profissional da coordenação pedagógica na educação infantil

Andréia Roncáglio Geraldo[1]
andreiaroncaglio@gmail.com

Rita Buzzi Rausch[2]
ritabuzzirausch@gmail.com

A função da coordenação pedagógica vem transformando-se com o passar dos anos, afastando-se da perspectiva fiscalizadora e supervisora, e assumindo papéis de articulação, formação e transformação da realidade educacional. Pereira e Placco (2018, p. 82-83, grifo nosso), baseados em Almeida e Placco (2009), caracterizam o trabalho da coordenação pedagógica na contemporaneidade sob três dimensões:

> [...] **Formadora** (quando se pensa na ação da Coordenação Pedagógica como mediadora do desenvolvimento profissional das professoras e professores e no exame crítico das suas práticas profissionais), **articuladora** do PPP (quando se pensa que todo o trabalho pedagógico, a maneira como ele é organizado e desenvolvido, deve ter como horizonte o projeto educativo da escola e os resultados que intenta atingir) e **transformadora** (quando tomamos como objeto a busca de novos jeitos de pensar e de fazer o traba-

---

1. Mestra em Educação, Fundação Universidade Regional de Blumenau (Furb).
2. Professora Doutora em Educação, Fundação Universidade Regional de Blumenau (Furb).

lho pedagógico), com vistas à qualidade do ensino e à melhoria da aprendizagem dos estudantes.

Nesse contexto, trabalhar com o pedagógico e atuar como coordenadores formadores são responsabilidades que exigem desses profissionais formação específica para o desempenho de suas funções, possibilitando-lhes olhar para o seu coletivo, de modo a contribuir com o desenvolvimento profissional docente. O coordenador formador precisa ser sensibilizado, precisa ter conhecimento sobre as suas funções, precisa ser formado de maneira a fazer com que consiga relacionar a sua prática com as teorias que a sustentam.

Em *El ABC y D de la formación docente*, Vaillant e Marcelo Garcia (2015) apresentam as quatro etapas da formação docente: A de Antecedência, que se refere às experiências vividas antes da formação inicial, especialmente na Educação Básica; B de Base, considerada como a formação inicial específica para a docência; C de Começo, que acontece durante o ofício de ensinar nos primeiros anos de docência; e D de Desenvolvimento profissional contínuo. Essas etapas são também vividas pelas coordenadoras durante o seu desenvolvimento profissional. Diante disso, questionamos: qual o desenvolvimento profissional da coordenação pedagógica da Educação Infantil em uma Rede Municipal de Ensino de Santa Catarina?

Este texto é fruto de uma pesquisa maior, realizada durante os anos de 2020 e 2021. Nosso interesse pelo tema se deve ao fato de as pesquisadoras serem ou terem sido coordenadoras pedagógicas, de terem participado de momentos formativos ou serem formadoras da coordenação pedagógica e, portanto, compreenderem a necessidade desse processo para a qualificação de sua função. Além disso, como pesquisadoras no campo da formação de professores, a coordenação pedagógica nos traz esperanças de uma efetiva formação de professores centrada nas unidades educacionais. Pereira e Placco (2018, p. 91) afirmam que a coordenadora pedagógica "[...] precisa dispor de conhecimentos para lidar com o grupo, ler e interpretar seus movimentos, para favorecer o trabalho coletivo, estar atento ao currículo, aos resultados de aprendizagens dos estudantes e aos seus processos e fatores de constituição e interferência".

A formação centrada no Centro de Educação Infantil (CEI), ou Formação Continuada em Serviço (FCS) traz a identidade do coletivo, parte de problemas reais, que estão próximos, e possibilita, mediante reflexões sobre a prática relacionadas às teorias, a mudança do trabalho pedagógico na unidade. Outro fator motivador para a consecução deste trabalho, após balanço realizado no catálogo de teses e dissertações da Coordenação de Aperfeiçoamento de Pessoal de Nível Superior (Capes), foi o número reduzido de pesquisas que investigaram os percursos formativos da coordenação pedagógica da Educação Infantil.

As participantes foram 12 coordenadoras pedagógicas efetivas no cargo, uma de cada região geográfica do município investigado, totalizando 12 CEIs de uma Rede Municipal de Ensino do Estado de Santa Catarina. Para a produção de dados, foram realizadas entrevistas narrativas individuais com cada coordenadora, de maneira presencial, em seus locais de trabalho, momentos nos quais socializaram suas experiências em relação ao seu desenvolvimento profissional. Foram analisados também documentação pedagógica generosamente cedida, autorizada e produzida pelas coordenadoras. No momento das narrativas, foi solicitado às coordenadoras que narrassem seu desenvolvimento profissional, sua formação inicial, as formações continuadas de que participaram no início da função e as formações específicas para a função, trazendo detalhes de como esses momentos contribuíram (ou não) para a construção de momentos formativos com as professoras no interior das unidades educacionais. As entrevistas narrativas foram gravadas e transcritas, possibilitando assim uma análise dos dados mais efetiva. As coordenadoras podiam escolher entre identificar-se pelo próprio nome ou utilizar um nome fictício, e a maioria delas optou por utilizar o próprio nome, manifestando o desejo de contribuir com investigações científicas que envolvem a coordenação pedagógica.

Os documentos foram selecionados de acordo com o desejo das coordenadoras, que apresentaram documentos da unidade ou seus registros de formações, fossem daquelas de que participaram, fossem das que organizaram no CEI. Esses documentos foram respeitosamente analisados e possibilitaram que as pesquisadoras os relacionassem com as narrativas das coordenadoras.

Este texto contempla três categorias, que foram construídas mediante os dados analisados a partir das entrevistas narrativas e dos documentos apresentados pelas coordenadoras pedagógicas. As categorias inspiram-se nas etapas de formação docente compreendidas por Vaillant e Marcelo (2015, p. 13): "[...] *las etapas previas de los aspirantes a docentes; a la formación inicial en una institución específica; a la iniciación signada por los primeros años de ejercicio profesional y al desarrollo profesional continuo*". Ei-las: os percursos formativos das coordenadoras pedagógicas da Educação Infantil na Rede Municipal e Ensino analisada; a inserção profissional da coordenação pedagógica; e a formação continuada específica centrada no trabalho da coordenação pedagógica. Apresentadas as categorias, dedicamo-nos a expor os resultados das análises.

Percursos formativos das coordenadoras pedagógicas da Educação Infantil na Rede Municipal de Ensino analisada

Para compreender o percurso formativo das coordenadoras pedagógicas participantes da pesquisa, solicitamos que elas preenchessem um formulário, contemplando qual a licenciatura e a pós-graduação cursadas. A maioria das coordenadoras participantes possui formação inicial em Pedagogia e pós-graduação *lato sensu* em Gestão Escolar, com habilitação para orientação, supervisão e administração escolar (requisito para o cargo). Duas coordenadoras pesquisadas possuem pós-graduação *stricto sensu* em Educação. Para a função de coordenação pedagógica, este seria o início do desenvolvimento profissional, complementado durante a caminhada pelas formações de que participam. Na compreensão de Marcelo (2009, p. 9), "[...] o conceito de 'desenvolvimento' tem uma conotação de evolução e continuidade que, em nosso entender, supera a tradicional justaposição entre formação inicial e formação contínua [...]".

O autor também compreende que,

[...] nos últimos tempos, tem-se vindo considerar o desenvolvimento profissional como um processo a longo prazo, no qual se integram diferentes tipos de oportunidades e experiências, planificadas sistematicamente para promover o crescimento e o desenvolvimento docente. (MARCELO, 2009, p. 7)

Em se tratando da formação continuada da coordenação pedagógica da Educação Infantil no município investigado, constatamos que não há uma Política de Formação Continuada específica para este profissional. O que há é uma Política de Formação da Rede Municipal de Educação, que contempla todos os profissionais da educação, centrando-se mais na formação de professores. Nesta política, a formação continuada é conceituada como uma maneira de valorizar os profissionais e possibilitar a construção da sua identidade, considerando as diferenças existentes, os espaços e as práticas de modo mais amplo.

Nesse documento afirma-se também que a formação continuada não acontece apenas no momento em que a formação está sendo realizada, estendendo-se ao cotidiano da unidade. Assim, de maneira indireta, a Política de Formação da Rede Municipal indica a FCS, mas não orienta como esta formação deve acontecer, nem qual será o profissional responsável por organizá-la. Porém, o Estatuto e Plano de Carreira do Magistério da referida Rede atribui à coordenação pedagógica a responsabilidade de "[...] ministrar curso, palestra ou aula de aperfeiçoamento e atualização do corpo docente, realizando-as em serviço, com o intuito de contribuir para o desenvolvimento qualitativo dos profissionais".

As formações direcionadas aos profissionais da educação são lançadas por meio de editais, contemplando diferentes categorias. As formações específicas para gestores aconteceram no município anos atrás, mas acabaram não permanecendo, nem foram registradas como uma política. A maioria das formações ofertadas em editais contempla professoras e coordenadoras em um mesmo documento, mas há também momentos formativos para a Rede em sua totalidade, envolvendo um grande número de pessoas em palestras.

Outra modalidade de formação envolve encontros em grandes grupos, com 50, 60 pessoas em dias alternados, utilizando temas específicos. No entanto, já houve encontros formativos que contemplavam dois encontros com o mesmo tema, buscando uma certa continuidade. Podemos perceber que essas formações são previstas e contempladas em editais, mas atendem também outros funcionários e não trazem a coordenação pedagógica como foco específico.

No ano de 2019, as coordenadoras pedagógicas foram agraciadas com uma formação específica para o seu cargo, que trazia, de maneira contínua, assuntos relacionados à sua função. As coordenadoras pedagógicas afirmaram que os encontros formativos são essenciais para a sua função, considerando que a coordenação vem, cada vez mais, assumindo um papel educacional e sendo vista como um cargo importante e específico nos CEIs. Ao assumir a função, as coordenadoras conhecem as especificidades e os desafios do cargo, logo compreendem que é preciso se apropriar de um conhecimento peculiar, que lhes permita conhecer as necessidades das crianças e dos adultos que estão nos espaços de Educação Infantil.

> *Eu sempre fui muito questionadora, e isso me levou a fazer o concurso de coordenação e entrar. Mas aí veio o susto, pois não é exatamente chegar e dar minha opinião; eu preciso saber como lidar com isso.* ***E, no primeiro momento, eu era alguém inexperiente nessa área, mas todo mundo achava que eu tinha que saber tudo.*** (Coordenadora Norivalda, entrevista narrativa)

Na compreensão de Pereira e Placco (2018, p. 83), "[...] estes desafios fazem com que o trabalho na coordenação, dada a sua complexidade, exija uma diversidade de conhecimentos profissionais específicos". Ao analisar os dados gerados, percebemos que as coordenadoras, além de referendar a importância das formações, manifestaram certa preocupação com a quantidade excessiva de formações de que deveriam participar, marcadas pela descontinuidade e com temas direcionados aos professores:

Aquelas formações que a gente tinha, esporádicas, com temas, não tinham uma sequência; para mim não tinham muita validade. A gente chegava, claro, repassava para os professores em reunião e tal. Mas não dava subsídio para chegar com propriedade sobre o assunto. Para mim, o mais importante foram estas formações [específicas, realizadas em 2019] e acredito que nós deveríamos ter sempre uma formação continuada anual. [...]. (Coordenadora Vânia, entrevista narrativa)

Haja vista os temas diferentes a cada encontro, havia a necessidade de a coordenadora ampliar estes conhecimentos antes de partilhá-los com as professoras. A insegurança ou o conhecimento superficial sobre o tema promoviam apenas repasses dos encontros formativos às professoras.

A formação específica mencionada pela coordenadora Vânia diz respeito ao Edital que a Secretaria Municipal de Educação (SEMEd) lançou no ano de 2019, em que houve a preocupação em promover a reflexão sobre as reais funções da coordenação pedagógica da Educação Infantil, mediante estudos teóricos, discussões sobre a prática e a escuta das participantes. Essa formação, de acordo com o edital e a manifestação das coordenadoras, estendeu-se por 8 encontros presenciais, um a cada mês, durante todo o ano de 2021, totalizando 74 horas dedicadas a estudar de maneira reflexiva as especificidades da coordenação pedagógica. Em vista do tamanho da Rede e da quantidade de participantes, foi necessário constituir dois grupos de formação com um número aproximado de 40 participantes cada. De acordo com Rausch e Silva (2021, p. 17), "[...] esta divisão se deu para termos grupos menores, facilitando as reflexões teórico-práticas por meio do diálogo e trocas entre os participantes". As pautas desses encontros formativos contemplaram as especificidades e necessidades das funções da coordenação pedagógica e também o que a SEMEd considerava importante, o que permitiu que as coordenadoras participassem e manifestassem as suas necessidades ao longo da formação, sentindo-se pertencentes ao processo formativo.

Destacamos que um dos documentos construídos recentemente na Rede, no ano de 2021, foi o *Currículo da Educação Básica do Sistema Municipal de Ensino*, que apresenta a intencionalidade e a preocupação de contribuir com o trabalho e a formação de professores. Esse documento busca alinhar o que já vinha sendo realizado no município enquanto prática pedagógica, em cotejo com os documentos nacionais, abordando de maneira mais aprofundada os conhecimentos sobre a Teoria Histórico-Cultural. Além disso, destaca a importância das professoras e das crianças no processo de construção de conhecimento, colocando a professora como "[...] principal responsável por organizar a relação entre sujeitos e o mundo, em uma relação mediada pelos conhecimentos".

O referido documento traz conceitos sobre o percurso formativo das professoras na perspectiva histórico-cultural, mencionando que o percurso formativo do professor se concretiza tanto nas vivências cotidianas quanto nas atividades educativas formais de sua área de atuação, bem como nas formações específicas em serviço ou nas que são adquiridas por iniciativa própria. Porém, nele está ausente o olhar específico para a coordenação pedagógica, porquanto deixa de abordar a coordenação no processo formativo em serviço, tampouco trata de processos de formação continuada específicos para estes profissionais.

Dessa maneira, com formações diversas e temas que contemplam as necessidades de diferentes espaços, com realidades e demandas diferentes, provavelmente a coordenação continuará enfrentando dificuldades para compreender como realizar os encontros de formação nas unidades. Algumas coordenadoras manifestaram a necessidade de buscar mais conhecimentos, procurando auxílio das coordenadoras mais experientes e realizando leituras por elas sugeridas. Essa necessidade de conhecimentos específicos mencionada pelas coordenadoras é compreendida por Pereira e Placco (2018, p. 83) como "[...] conjuntos de princípios orientadores que permitem erigir sua prática profissional" e que acabam sendo modificados com o passar dos anos, a partir das necessidades e situações que vão surgindo.

Com o Estatuto e Plano de Carreira do Magistério Público Municipal, três funções foram incorporadas ao quadro de profissionais da educação, entre as quais o cargo da coordenação pedagógica, que passou a ter muitas atribuições. Uma das atribuições que a coordenação pedagógica passou a ter é a de ser responsável pela FCS, o que nos provoca a reflexão sobre o que realmente se espera destas profissionais, considerando a demanda de trabalho e a necessidade de contribuir com as coordenadoras, mediante encontros formativos específicos que estejam relacionados à sua função formadora. Isso nos faz reforçar a necessidade de políticas norteadoras das funções e também de formação continuada específica para a coordenação pedagógica da Rede Municipal de Ensino investigada.

Conhecer as reais atribuições das coordenadoras pode facilitar a identificação de lacunas em seu processo formativo. As coordenadoras manifestaram em suas narrativas que passaram a compreender, depois da formação continuada específica de que participaram (2019), que muitas das responsabilidades que assumem na unidade não são suas, mas precisam ser realizadas para que o CEI continue funcionando.

Rausch e Girardi (2021, p. 28) nos alertam para alguns dos papeis assumidos pelas coordenadoras, que preenchem um grande espaço em seus planejamentos, dificultando a construção da sua identidade formadora:

> Na contemporaneidade, a constituição de sua identidade tem acontecido em meio à tensão entre a identidade do CP [coordenador pedagógico] com inúmeras tarefas administrativas e burocráticas que lhe são atribuídas e o entender que sua função também é a de formação de professores. Seu reconhecimento como solucionador de problemas do ambiente escolar tem dificultado seu posicionamento de afirmação de suas prioridades e a realização de ações necessárias à escola, priorizando ações articuladoras em detrimento de ações formadoras.

A identidade da coordenação pedagógica vai sendo construída de maneira evolutiva, mediante as interações que realiza, as relações que estabelece, a forma como se vê e como os outros a veem. Na compreensão de Marcelo (2009, p. 12), "[...] a identidade não é algo que se possui, mas sim algo que se desenvolve ao longo da vida". Estas interações são diferentes e acabam acontecendo de modo singular em cada CEI. As coordenadoras manifestaram a preocupação de se manterem atentas durante a observação do seu coletivo de crianças e professoras, compreendendo que, estando presentes, conseguem acompanhar e dialogar com as professoras, de modo a auxiliá-las a refletir sobre a sua prática. No entanto, dependendo do tamanho da unidade, a proporção das demandas se multiplica. Para Placco, Almeida e Souza (2015, p. 10), "[...] é preciso considerar que a escola na qual atua o CP é única [...]", o que nos faz refletir sobre a identidade formadora destas coordenadoras.

Mas será que as coordenadoras pedagógicas conseguem desenvolver a tríplice função? O que as impede, caso a resposta seja negativa? As coordenadoras entrevistadas afirmaram é que a demanda de trabalho, oriunda, muitas vezes, dos documentos/instrumentos de gestão, que precisam ser preenchidos, e das situações corriqueiras que acabam acontecendo na unidade, impedem a concretização da tríplice função.

Pensando a partir de Placco (2008) e das narrativas das coordenadoras, passamos a discutir sobre o que é **urgente**, **rotina** e **importante** no CEI. Para Placco (2008, p. 49), as **urgências** são "[...] atividades decorrentes das dinâmicas da escola e de necessidades emergentes do cotidiano". São imprevisíveis, mesmo que saibamos que elas podem acontecer. Placco (2008, p. 49) aponta também para as atividades de **rotina**, que "[...] cumprem uma importante função, de manutenção do funcionamento da escola". Elas regulam o funcionamento das unidades, ocupam grande parte do planejamento da coordenação e provocam uma sensação de controle, como se tudo estivesse funcionando. Porém essa mesma rotina pode impedir que situações inovadoras aconteçam, como se observa no depoimento a seguir:

> *A gente percebeu que a gente não dava conta*, às vezes, não porque eu não sei o que eu tô fazendo, mas eu não dou conta

porque eu cuido do portão, eu cuido não sei do quê, e lá no meu papel, que, teoricamente, é o mais importante, no final, a gente sempre se sente um pouco atrasada. (Coordenadora Eleonora, entrevista narrativa, grifos nossos.)

Outro apontamento de Placco (2008, p. 49) acerca da organização do planejamento da coordenação pedagógica diz respeito às importâncias:

As **Importâncias** são estabelecidas como ações prioritárias para o atendimento às necessidades pedagógicas da escola, para a superação de dificuldades ou obstáculos que impedem o avanço dos processos de ensino-aprendizagem e de formação da escola. (grifo da autora).

As **importâncias** são planejadas para acontecerem a longo prazo, exigindo, muitas vezes, mudanças e apoio do coletivo da unidade. No entanto, as **rotinas** e as **urgências** acabam ocupando um grande espaço no planejamento da coordenação. Como contribuição para o planejamento diretamente relacionada aos momentos de descanso da coordenação e do coletivo, a **pausa** pode contemplar momentos de descontração e também momentos de ampliação do repertório cultural. Placco (2008) ressalta a importância da **pausa** para o planejamento da coordenação.

Mediante os documentos apresentados para análise, foi possível perceber que a maioria das coordenadoras pedagógicas busca realizar, uma vez ao mês, processos formativos em serviço. Porém fica evidente que as rotinas, as urgências e o preenchimento de documentos são responsáveis por consumir boa parte do tempo da coordenação pedagógica. Mais que isso, a falta de clareza quanto às suas atribuições faz com que as coordenadoras ocupem maior tempo com a organização do CEI, para garantir que ele continue funcionando.

Inserção profissional da coordenação pedagógica

Podemos compreender a inserção profissional como aquele momento em que, de um dia para o outro, a professora deixa a sala de aula e assume a função de coordenadora. Para Pereira (2017, p. 113), essa é uma mudança significativa, por meio da qual "[...] o CP deixa de se responsabilizar pela sua própria turma [...] para se responsabilizar por um coletivo de professores e suas respectivas turmas e regências". No município investigado, a inserção como coordenadora pedagógica acontece mediante a efetivação no concurso, ou por contrato, para assumir uma vaga temporária.

Como requisito mínimo, a coordenação pedagógica exige formação em Pedagogia, Normal Superior ou outra licenciatura, além de pós-graduação (especialização) na área de Gestão Escolar. As coordenadoras participantes da pesquisa são efetivas e atendem aos requisitos exigidos pelo Estatuto e Plano de Carreira do Magistério Público Municipal, elaborado no ano de 2007. Nos formulários preenchidos pelas participantes, observamos que cinco das doze coordenadoras possuem até dez anos de trabalho na função de coordenação pedagógica — algumas em várias unidades de educação, incluindo o Ensino Fundamental —, e sete já ultrapassaram os dez anos de experiência. Analisando esses mesmos formulários, constatamos que apenas três coordenadoras possuem menos de vinte anos dedicados à educação, se somados os diferentes cargos que exerceram durante o seu desenvolvimento profissional.

No entanto, em suas narrativas, há uma semelhança quanto à ausência de formação continuada para iniciantes, compreendendo a necessidade de acolhimento, de orientação e de acompanhamento no início da função de coordenação pedagógica:

> [...] *eu me lembro de que, no início da minha carreira como coordenadora,* [...] ***nós quase não tínhamos formação a respeito do nosso trabalho, de como desenvolver realmente esse nosso trabalho.*** (Coordenadora Eliane, entrevista narrativa, grifos nossos.)

Em *e-mail*, a SEMEd respondeu às pesquisadoras que os editais de formação delineiam os temas que serão desenvolvidos na formação, bem como que, nos anos 2018 e 2019, as coordenadoras pedagógicas foram contempladas com formação continuada específica, envolvendo as especificidades da função. Porém, destes dois anos, somente no ano de 2019 a coordenação pedagógica da Educação Infantil participou.

Nos anos posteriores, 2020 e 2021, a pandemia de COVID-19 modificou o formato de formação para a coordenação pedagógica, que passou a participar de *webinários*, os quais contemplavam todos os funcionários da Rede Municipal. A SEMEd afirmou ainda que vem realizando visitas formativas nos espaços de Educação Infantil, para orientar diretores, coordenadores e professoras em hora-atividade.

Ao assumir o cargo de coordenação pedagógica, como mencionamos anteriormente, a coordenadora deixa a sala em que é responsável pelas aprendizagens de um número de crianças e passa a assumir, de maneira colaborativa com as professoras, as aprendizagens de todas as crianças do CEI. Essa mudança acontece do dia para a noite. E o sentimento de receio quanto a estar agindo de maneira correta ou não nesta nova função se apossa das coordenadoras pedagógicas iniciantes.

As coordenadoras mencionaram a existência de uma reunião, organizada pela SEMEd, para dar informações referentes às suas atribuições. Essa reunião acontece posteriormente ao seu início na nova função, uma espécie de repasse. Compreendemos que essa é uma tentativa, por parte da Secretária, de orientar as coordenadoras iniciantes. Porém consideramos que um encontro único para/com as iniciantes na função é insuficiente. Para Imbernón (2016, p. 168), "[...] a formação, mais que ensinar ou formar, deveria criar situações e espaços de reflexão e formação [...]".

Se a formação com as coordenadoras iniciantes fosse orientada pela SEMEd, com auxílio de pares mais experientes, poderia fortalecer a coordenação neste começo na função, em que as dúvidas são mais frequentes. Na compreensão de Placco e Souza (2012, p. 18), a "[...] formação poderia contribuir para a constituição de um CP aberto à mudança, ao novo, ao outro e à própria aprendizagem [...]". E a colaboração dos pares torna-se muito importante para a compreensão das atribuições e até de algumas angústias das coordenadoras.

Os primeiros meses marcam a busca das coordenadoras iniciantes por compreender o funcionamento das unidades, como realizar suas funções, pelo olhar macro da coordenação pedagógica. Esse início na função, na compreensão de Groppo e Almeida (2013, p. 94), "[...] momento da passagem do papel de professor para o de professor coordenador é, via de regra, um momento de turbulência afetiva". E as coordenadoras mais experientes podem proporcionar às coordenadoras iniciantes maior compreensão acerca da dinâmica dos espaços, de suas atribuições, das dificuldades e das tentativas que se utilizam para solucionar os problemas, de modo a esclarecer um pouco seu papel na unidade.

Placco e Souza (2006, p. 17) dialogam sobre essa questão quando mencionam que "[...] a aprendizagem do adulto resulta da interação entre adultos, quando experiências são interpretadas, habilidades e conhecimentos são adquiridos e ações são desencadeadas". E as coordenadoras pedagógicas integrantes da pesquisa atribuíram papel fundamental às formações específicas para iniciantes, bem como às formações com todo o coletivo de coordenadoras, para que possam conhecer a função da coordenação pedagógica a partir do seu olhar como coordenadora e refletir sobre as suas dificuldades, sobre o que vão percebendo que precisam trabalhar em si mesmas e com o coletivo.

Essa busca pelos pares mais experientes, por iniciativa das próprias coordenadoras iniciantes, vem acompanhada pela mediação de outros elementos, como as leituras sugeridas e os diálogos motivados pelas circunstâncias dos espaços de Educação Infantil. Ouvindo e trocando informações com os pares mais experientes e progressivamente observando e dialogando com o seu próprio coletivo e com outras coordenadoras pedagógicas iniciantes, as coordenadoras vão construindo a sua identidade profissional.

As coordenadoras vão desenvolvendo a sua identidade enquanto coordenadoras nas mediações com os pares — mais experientes ou não —, com o coletivo de funcionários da unidade onde trabalham, nas formações de que participam e também na experiência diária de coordenação pedagógica, com todas as angústias, medos, encorajamentos, demandas e encaminhamentos que acabam realizando diariamente.

Os saberes da experiência são construídos durante a prática profissional. Assim, progressivamente, entrelaçados aos saberes oriundos das trocas com os pares mais experientes, às formações, às leituras e às tentativas, que acabam resultando em acertos e enganos, os saberes da experiência vão se constituindo em saberes da experiência. Na compreensão de Placco e Souza (2006, p. 70), "[...] as situações conflituosas da prática cotidiana podem impulsionar cada pessoa a lutar ou a desistir. A forma com que cada um reage diante dessas situações tem estreita relação com suas experiências de vida e com o processo de constituição de sua identidade".

A maneira de resolver as situações que surgem, de olhar para a função, de tomar decisões sobre as urgências, as rotinas, as importâncias e as pausas, de construir planejamentos e pensar na construção e alteração de propostas pedagógicas da unidade são saberes aprendidos pelas coordenadoras pedagógicas com o passar dos anos. Analisando os dados gerados, consideramos que as coordenadoras vêm construindo saberes durante o seu desenvolvimento profissional e que estes saberes são ampliados, modificados e reestruturados de acordo com as mudanças necessárias para cada situação ou realidade. Também compreendemos, mediante os dados, que as coordenadoras estão cientes da importância da participação nos momentos de formação específica para a sua função, a fim de que, ampliando sua compreensão, sua participação e seu envolvimento na FCS, consigam planejar as rotinas, envolver-se na proposta pedagógica da unidade e investir um tempo na sua autoformação, por meio de leituras, reflexões e análises, qualificando a sua prática enquanto coordenação pedagógica.

Formação continuada específica centrada no trabalho da coordenação pedagógica

Foi possível perceber, durante as entrevistas narrativas, que a maioria das coordenadoras compreende a necessidade de formações específicas para a coordenação pedagógica, com troca de experiências entre os pares e encontros que tragam estudos específicos para a função. Esses encontros formativos também poderiam proporcionar a ampliação cultural das coordenadoras, aproximando-as de suas culturas e histórias, de modo a fazer com que inspirem as professoras com quem trabalham. Placco e Souza (2018, p. 14) nos incitam a refletir acerca da formação da coordenação pedagógica, indicando fragilidades nos diferentes níveis e sistemas: "[...] reconhecemos que a formação que permitiria ao CP exercer essa ação formadora não tem sido atendida satisfatoriamente, seja em nossos cursos superiores, seja nas formações continuadas oferecidas nos diferentes sistemas de ensino".

Constituir-se coordenadora é um processo que vai muito além de assumir o cargo. As licenciaturas e os cursos de pós-graduação em Gestão Escolar abordam essa temática, mas os saberes necessários ao bom desempenho na função precisam ser aprimorados. Após os encontros formativos de 2019, as coordenadoras compreenderam que a formação continuada para a coordenação pedagógica precisa estar centrada na realidade e na prática existente na unidade onde trabalham, considerando que as coordenadoras precisam conhecer suas funções, as necessidades e potencialidades da sua unidade, para então poderem construir momentos formativos reflexivos em seus locais de trabalho.

Conversar sobre a prática a partir da teoria foi fundamental para aquele coletivo de coordenadoras. E os encontros foram considerados pelas coordenadoras como possibilidades de aprender, compreender e interpretar, isso tudo falando de si mesmas, sem o compromisso de reproduzirem posteriormente em seus locais de trabalho as informações que receberam. De acordo com as formadoras Rausch e Silva (2021, p. 20), um dos objetivos da formação era

"[...] contribuir com o desenvolvimento de um profissional reflexivo e pesquisador".

Durante os encontros de formação específica, as coordenadoras registravam em seus cadernos as reflexões sobre a prática. E, para além do caderno, foram instigadas a construir o seu portfólio reflexivo, escrevendo as suas compreensões a partir da análise que conseguiam realizar sobre a teoria e a prática diária. Para além dessas reflexões e desses estudos sobre a prática, as coordenadoras foram estimuladas a socializar as suas experiências e os projetos que desenvolviam nos CEIs. As coordenadoras, durante as socializações, registravam as apresentações, depois relacionavam com a sua realidade, pensando em estratégias para utilizar a experiência das outras coordenadoras na qualificação do seu próprio trabalho.

Placco (2008, p. 57) nos provoca com esta reflexão: "Será seu papel, portanto, questionar-se continuamente sobre seu próprio desempenho, sua própria ação formadora, sua própria sincronicidade e sobre as relações sociais/interpessoais que estabelece consigo mesmo e com os demais educadores na escola". Olhando para outras coordenadoras, é possível perceber o que na nossa própria unidade é um problema. E foi assim que as coordenadoras em seu processo de formação específico foram desafiadas a construir um projeto de pesquisa-ação.

> Constatamos que a pesquisa-ação foi algo novo para os coordenadores integrantes da formação. De início se mostraram incapazes, sem tempo para sua realização, diante do labirinto de atividades que realizam diariamente na escola, bem como diante da compreensão da pesquisa como algo acadêmico, muito distante daquilo que realizam no cotidiano escolar. Após algumas reflexões coletivas acerca de seu propósito e potência na efetivação das dimensões de articulação, formação e transformação da coordenação pedagógica a partir da pesquisa-ação, a maioria dos participantes ousou e colocou em prática essa proposta na instituição em que atua. (RAUSCH; SILVA, 2021, p. 27).

Cada qual com sua singularidade procurou construir a sua pesquisa-ação. Esse desafio possibilitou que algumas coordenadoras escrevessem sobre seu processo de pesquisa, relacionando-o aos oito encontros de estudo e formação sobre a sua função. Para as coordenadoras, pesquisar e escrever sobre a sua prática e sobre o processo de mudança na sua unidade foi mais que um desafio, foi uma oportunidade para falarem de si, do seu trabalho, do quando compreendem sua função dentro do espaço de Educação Infantil. Essa escrita acabou por se constituir em um e-book, intitulado *Formação da Coordenação Pedagógica: reflexividade e pesquisa em ação*, que faz parte das referências utilizadas neste texto.

Para Garcia (1999, p. 19), a autoformação "[...] é uma formação em que o indivíduo participa de forma independente e tendo sobre o seu próprio controle os objetivos, os processos, os instrumentos e os resultados da própria formação". A autoformação possibilita a escolha sobre qual tema precisa ser aprofundado. Assim, de maneira autônoma, a coordenadora poderá inscrever-se em um curso de aperfeiçoamento, em uma palestra ou buscar leituras relacionadas à sua função. E considerar a necessidade de estudos para a sua qualificação é o primeiro passo para a autoformação. Com essa definição, buscamos não só relacionar a função da coordenação pedagógica com a formação continuada específica, mas também com um tempo de estudos que lhe possibilite voltar aos registros das formações e refletir a partir deles sobre a sua prática à luz da teoria, com o objetivo de perceber que os conhecimentos precisam ser aprofundados.

No município investigado, após Lei Complementar promulgada em 2014, a coordenação passou a ter direito à hora de planejamento. Nesses momentos, a coordenadora poderia participar de formações, palestras, realizar leituras, etc. Era um momento de estudo que poderia ser utilizado pela coordenadora para sua autoformação, na unidade ou não. Porém, no mesmo ano em que as coordenadoras participaram da formação específica para a sua função e foram encorajadas a trabalhar a FCS, em 2019, criou-se outra Lei Complementar, e as coordenadoras tiveram que optar pela hora de planejamento ou receber uma gratificação de 40%, referente ao menor salário pago pelo município a um servidor. O fato de as coordenadoras receberem um salário igual ou inferior ao das professoras interferiu na escolha da maioria das coordenadoras, que acabou optando pela gratificação.

Ao buscar o reconhecimento financeiro, sempre tão desejado pelas coordenadoras, foi necessário renunciar ao tempo de estudo que lhes possibilitaria autoformar-se e revisitar seus escritos, os registros sobre as crianças, preparar formações em serviço, etc. Na compreensão de Bonafé, Almeida e Silva (2018, p. 42), "[...] a valorização do CP na escola passa pela necessidade de reconhecê-lo como um educador em formação permanente".

A autoformação não depende do tempo de estudo, ela vai além do horário de trabalho. Porém poder realizar a autoformação em dias destinados ao estudo/hora de planejamento seria um significativo elemento de valorização para a função da coordenação pedagógica.

Palavras finais

Nosso principal foco de análise foi o desenvolvimento profissional da coordenadora pedagógica, tendo em vista a relevância deste profissional nos CEIs quanto à formação continuada de professores em serviço e à efetiva aprendizagem das crianças. Compreendemos que as coordenadoras vêm recebendo e participando de formações, mas que as formações específicas para a coordenação pedagógica são apontadas como fundamentais para a constituição de uma identidade profissional mais contemporânea, que por anos foi marcada pela inspeção e pelo reprodutivismo.

Os dados indicam que as formações específicas realizadas pelas participantes da pesquisa contribuíram para que a coordenadora fosse ampliando o olhar acerca da sua função, compreendendo que, para além das rotinas e das urgências, o planejamento precisa contemplar as importâncias e os momentos de pausa. Participar de formação é importante, mas participar de uma formação contínua, específica e construída de maneira colaborativa, ouvindo as necessidades manifestadas pelas coordenadoras, é um processo fundamental ao seu desenvolvimento profissional.

A coordenadora pedagógica precisa ser vista e valorizada como formadora nas unidades onde atua, pelos profissionais com quem trabalha, pelas Secretarias de Educação e pelo próprio coletivo de coordenadoras. Para se tornar coordenadora formadora, é necessário que ela mesma esteja inserida em um processo formativo contínuo e específico.

Referências

ALMEIDA, L. R.; PLACCO, V. M. N. S. O papel do coordenador pedagógico. In: *Revista Educação*. Ano 12, n. 142 (2009). 38-40.

BONAFÉ, E. M.; ALMEIDA, L. R. de; SILVA, J. M. S. O coordenador pedagógico que dá conta do pedagógico, na perspectiva de professores. In: ALMEIDA, L. R. de; PLACCO, V. M. N. S. (org.). *O coordenador pedagógico e seus percursos formativos*. Col. O Coordenador Pedagógico, v. 13. São Paulo: Loyola, 2018. 35-52.

GARCIA, C. M. *Formação de Professores: para uma mudança educativa*. Porto: Porto, 1999.

GROPPO, C.; ALMEIDA, L. R. de. Passagem de um professor a professor coordenador: o choque com a realidade. In: ALMEIDA, L. R.; PLACCO, V. M. N. S. (org.). *O coordenador pedagógico e a formação centrada na escola*. São Paulo: Loyola, 2013. 93-107.

IMBERNÓN, F. *Qualidade do ensino e formação do professorado: uma mudança necessária*. Trad. Silvana Cobucci Leite. São Paulo: Cortez, 2016.

MARCELO, C. Desenvolvimento profissional docente: passado e futuro. *Sísifo: Revista de Ciências da Educação*, [S. l.], n. 8, 7-22, 2009. Disponível em: <https://bit.ly/3qUomO2>. Acesso em: 20 nov. 2020.

PEREIRA, R. *O desenvolvimento profissional de um grupo coordenadoras pedagógicas iniciantes: movimentos e indícios de aprendizagem coletiva, a partir de uma pesquisa-formação*. 2017. 251 f. Tese (Doutorado em Educação) — Pontifícia Universidade Católica de São Paulo, São Paulo, 2017. Disponível em: <https://bit.ly/334KRI7>. Acesso em: 20 nov. 2020.

PEREIRA, R.; PLACCO, V. M. N. S. Mapear os conhecimentos prévios e as necessidades formativas dos professores: uma especificidade do trabalho das Coordenadoras Pedagógicas. In: ALMEIDA, L. R. de; PLACCO, V. M. N.

S. (org.). *O coordenador pedagógico e seus percursos formativos*. Col. O Coordenador Pedagógico, v. 13. São Paulo: Loyola, 2018. 81-102.

PLACCO, V. M. N. S. O coordenador pedagógico no confronto com o cotidiano da escola. In: PLACCO, V. M. N. S.; ALMEIDA, L. R. de. (org.). *O coordenador pedagógico e o cotidiano da escola*. 5. ed. São Paulo: Loyola, 2008. 47-60.

PLACCO, V. M. N. S.; ALMEIDA, L. R. de; SOUZA, V. L. T. Retrato do coordenador pedagógico brasileiro: nuanças das funções articuladoras e transformadoras. In: PLACCO, V. M. N. de S.; ALMEIDA, L. R. (org.). *O coordenador pedagógico no espaço escolar: articulador, formador e transformador*. São Paulo: Loyola, 2015. 9-24.

PLACCO, V. M. N. S.; SOUZA, V. L. T. (org.). *A aprendizagem do adulto professor*. São Paulo: Loyola, 2006.

PLACCO, V. M. N. S.; SOUZA, V. L. T. O trabalho do coordenador pedagógico na visão de professores e diretores: contribuições à compreensão. In: PLACCO, V. M. N. S.; ALMEIDA, L. R. de. (org.). *O coordenador pedagógico: provocações e possibilidades de atuação*. 2. ed. São Paulo: Loyola, 2012. 9-20.

PLACCO, V. M. N. S.; SOUZA, V. L. T. O que é formação? Convite ao debate e à proposição de uma definição. In: ALMEIDA, L. R.; PLACCO, V. M. N. S. (org.). *O coordenador pedagógico e seus percursos formativos*. Col. O Coordenador Pedagógico, v. 13. São Paulo: Loyola, 2018. 9-16.

RAUSCH, R. B.; GIRARDI, I. D. Coordenação Pedagógica na contemporaneidade. In: RAUSCH, R. B.; SILVA, S. M, da; SOPELSA, C. dos S. P.; GERALDO, A. R. (org.). *Formação Continuada da Coordenação Pedagógica: reflexibilidade e pesquisa em ação*. Blumenau: Edição do autor, 2021. 33-47.

RAUSCH, R. B.; SILVA, S. M. da. Formação Continuada da Coordenação Pedagógica: contribuindo com a formação do coordenador reflexivo-pesquisador. In: RAUSCH, R. B.; SILVA, S. M. da; SOPELSA, C. dos S. P.; GERALDO, A. R. (org.). *Formação Continuada da Coordenação Pedagógica: reflexibilidade e pesquisa em ação*. Blumenau: Edição do autor, 2021. 15-30.

VAILLANT, D.; MARCELO GARCIA, C. *El ABC y D de la formación docente*. Madrid: Narcea, 2015.

Diálogos com supervisores e coordenadores pedagógicos: contribuições da pesquisa-formação ao desenvolvimento profissional

Francine de Paulo Martins Lima[1]
francine.lima@ufla.br

Kelly Cristina Teixeira Lazarini[2]
kellyctlazarini@gmail.com

Introdução

O texto em tela tem como objetivo evidenciar uma iniciativa de formação de formadores, notadamente supervisores e coordenadores pedagógicos em uma perspectiva de desenvolvimento profissional tendo a pesquisa-formação como um percurso possível para esse desenvolvimento.

---

1. Doutora em Educação: Psicologia da Educação pela Pontifícia Universidade Católica de São Paulo. Docente do Departamento de Gestão Educacional, Teorias e Práticas de Ensino e do Programa de Mestrado Profissional em Educação da Universidade Federal de Lavras — UFLA/MG. Líder do Grupo de Pesquisa sobre Formação Docente e práticas pedagógicas — FORPEDI/CNPq e integrante da Rede de estudos sobre desenvolvimento profissional docente — REDEP. E-mail: francine.lima@ufla.br.

2. Mestre em Educação pela Universidade Federal de Lavras — UFLA. Supervisora Escolar na Rede Municipal de Nepomuceno/MG e docente da Rede Municipal de Lavras/MG. Integrante do Grupo de Pesquisa sobre Formação Docente e práticas pedagógicas — FORPEDI/CNPq E-mail: kellyctlazarini@gmail.com.

A iniciativa de formação de formadores foi realizada contando com a participação de supervisores e coordenares pedagógicos de duas redes municipais do Sul de Minas Gerais, permitindo-nos identificar as necessidades formativas do grupo, seus desafios no desenvolvimento do ofício, bem como a aproximação e as possibilidades de trabalho na perspectiva do acolhimento e indução a professores iniciantes.

Nesse sentido, a fim de compreender a especificidade dos diálogos realizados ao longo da formação com os supervisores e coordenadores pedagógicos, inicialmente discorreremos sobre as especificidades da supervisão escolar e como ela se relaciona com o papel da coordenação pedagógica nesse contexto. Na sequência, abordaremos o conceito de desenvolvimento profissional e por fim, relataremos como a pesquisa-formação foi desenvolvida e os diálogos que ecoaram ao longo dos encontros e que nos permitem pensar a relevância da formação para os formadores de professores.

Diversas são as nomenclaturas utilizadas para indicar o profissional que atua no acompanhamento e desenvolvimento das atividades pedagógicas nas redes de ensino, entre elas estão as denominações de supervisor escolar, supervisor pedagógico, coordenador pedagógico, orientador pedagógico, professor coordenador entre outros. Da diversidade dos termos, há de se observar a localidade em que ele é empregado e o processo histórico que o envolve. No contexto do Estado de Minas Gerais, *locus* da pesquisa-formação aqui relatada, temos a variação do uso dos termos supervisor e coordenador pedagógico, tema que discorreremos a seguir.

A supervisão e a coordenação pedagógica: aproximações e avanços na concepção de acompanhamento pedagógico

Pimenta (2002) considera que o processo de construção de identidade acontece por meio da ação do sujeito, que situado no tempo e no espaço, constrói e cria o conhecimento e o seu fazer profissional, de acordo com seu determinante histórico-cultural, sendo assim um processo de caráter eminentemente histórico.

Quando falamos de supervisão, recorremos à Saviani (2002), o qual destaca que a função supervisora acompanha a ação educativa desde sua origem, ainda nas comunidades primitivas, evidenciadas na preocupação com o cuidar do funcionamento dessas comunidades. Desde a antiguidade e também na Idade Média, a educação escolar era dividida em classes e se diferenciava entre a classe dominante e a classe trabalhadora. Para Saviani (2002), a função supervisora nesse contexto, se fazia presente em forma de controle, fiscalização, coerção e punição.

De acordo com Aguiar (1991), a profissão do supervisor instala-se de forma sistemática em meio a um contexto histórico pós-guerra, período em que o Brasil e a América Latina subordinavam-se aos interesses dos Estados Unidos. O acordo internacional entre Brasil e Estados Unidos (MEC-USAID), e sobretudo o Programa Americano Brasileiro de Assistência ao Ensino Elementar — PABAEE, que chegou ao Brasil na década de 50, tiveram grande influência no surgimento da função do supervisor. Esse programa tinha como um dos seus objetivos a formação de educadores brasileiros, tendo como justificativa, de acordo com Tavares (1980), a intenção de

> introduzir e demonstrar, para os educadores brasileiros, métodos e técnicas utilizadas na educação primária promovendo a análise, aplicação e adaptação dos mesmos, a fim de atender às necessidades comunitárias em relação à educação, por meio do estímulo à iniciativa dos professores; -criar e adaptar material didático e equipamento com base na análise de recursos disponíveis no Brasil, e em outros países, no campo da educação primária; -selecionar professores, de competência profissional, eficácia no trabalho e conhecimentos da língua inglesa a fim de serem enviados aos Estados Unidos para cursos avançados, no campo da educação primária. (TAVARES, 1980, p. 44)

A partir da implantação do Programa Brasileiro Americano ao Ensino Elementar (PABAEE), em 1957, que foi executado por alguns estados brasileiros (sendo Minas Gerais e São Paulo os principais), a habilitação desses técnicos foi chamada Supervisão Pedagógica, e ganhou destaque no sistema de ensino.

Com o Parecer 252/1969, complementar à Lei da Reforma Universitária (Lei n. 5540/1968), surgiu a ideia de um novo profissional pelas habilitações instituídas do curso de pedagogia, entre elas a de supervisor escolar.

No que tange a compreensão da ideia e do significado do termo supervisão, encontramos em Ferreira (2000, p. 654), que supervisão significa "ação ou efeito de supervisionar"; e supervisionar significa dirigir, orientar ou inspecionar em plano superior e ainda para Ferreira (2002, p. 238), supervisão significa "visão sobre" e da sua origem, traz o viés da administração que a faz ser entendida como gerência para controlar o executado.

Em Rangel (1997, p. 147), encontramos que o supervisor é o profissional que procura a "visão sobre", buscando coordenar e articular ações, estimulando oportunidades de discussão coletiva, crítica e contextualizada. Já Libâneo (2002, p. 35), descreve o supervisor escolar como um "agente de mudanças, facilitador, mediador e interlocutor." Dessa forma, seria um profissional que possui dentro do espaço escolar uma visão crítica e construtiva do fazer pedagógico, capaz de fazer a interlocução entre os membros da comunidade escolar, visando principalmente, contribuir para desenvolvimento individual, político, econômico, ético e afins.

No decorrer da história, a palavra que designa a função do supervisor também tem sofrido alterações. Rangel (2002) esclarece que o nome é uma atribuição à identidade para a ação supervisora, pois os diversos modos como são identificados designam sua ação na sociedade e na escola. Pensar a ação supervisora é também pensar a maneira como se intitula, pois o nome é, essencialmente, uma identificação, uma atribuição de identidade (RANGEL, 2002, p. 75).

A promulgação da Lei n° 5.692/71, que estabeleceu a Reforma de Ensino de 1° e 2° Graus, instituiu a figura de um profissional no quadro do magistério comprometido com a ação supervisora, que, na prática, se apresentou com diferentes denominações: *supervisor escolar, pedagogo, orientador pedagógico, coordenador pedagógico, professor coordenador*, etc.

A história do perfil do coordenador pedagógico e do supervisor de ensino, de acordo com Sanches (2013), confunde-se, e ao longo dos anos, assumindo várias funções com distintas denominações. Na década de 1970, os supervisores de ensino começam a discutir, em encontros com seus pares, a possibilidade de se ter um profissional dentro da escola atendendo parte das demandas atribuídas a eles. Somente em meados dos anos 1980 que se iniciou um período de definição mais clara da sua função. Hoje, a coordenação pedagógica e a supervisão escolar apresentam características específicas e/ou distintas, mas ambas comprometidas com o acompanhamento pedagógico das ações educacionais.

De acordo com Franco (2008, p. 2), na atualidade, em diferentes situações o uso dos termos é empregado de forma sinônima, uma vez que "a nomenclatura de designação, supervisor, utilizada neste momento designa hoje o coordenador pedagógico".

Mesquita, Roldão e Machado (2019) afirmam que a supervisão acompanhou a evolução das abordagens sobre a formação de professores, caminhando atualmente para uma dimensão formativa e colaborativa, alargando-se ao campo da formação e da intervenção em contexto de trabalho na orientação da prática educativa, destacando-se na indução de professores na carreira profissional.

Podemos observar uma relação direta e até mesmo sobreposição de conceitos quando tratamos do supervisor e coordenador pedagógico, dependendo da localidade em que a atividade é desenvolvida. Das definições apresentadas por diferentes autores, ficou explícito o papel de relevância do supervisor/coordenador pedagógico no processo de aprimoramento das práticas pedagógicas dos docentes e na qualificação do processo ensino-aprendizagem.

Diante do exposto e considerando o uso dos termos de forma sinônima nas redes de Ensino Municipal do Sul de Minas, neste estudo, utilizaremos os termos "supervisores e coordenadores pedagógicos" para o desenvolvimento dos nossos diálogos, utilizando-se da sigla

SP — Supervisor e CP para coordenador pedagógico. No entanto, em alguns momentos, será utilizado estritamente o termo coordenador pedagógico para manter fidelidade ao texto referenciado.

O desenvolvimento profissional de supervisores e coordenadores pedagógicos em articulação com o desenvolvimento profissional de professores

Pensando no processo de formação de professores e profissionais da educação, entre eles o SP e o CP, podemos afirmar que ele compreende diferentes momentos: a formação inicial, realizada no espaço acadêmico que objetiva a formação básica para a atuação docente e pedagógica e a formação continuada, aquela realizada em serviço, que genericamente pretende promover o desenvolvimento profissional no contexto do trabalho.

Considerando a legislação, partindo da Lei de Diretrizes e Bases da Educação Nacional — LDB (Lei n. 9394, de 20 de dezembro de 1996), passando pelo Plano Nacional de Educação (PNE) 2014-2024 (Lei n. 13005, de 25 de junho de 2014), pela Política Nacional de Formação de Professores, apresentada pelo Ministério da Educação (MEC) em 18 de outubro de 2017, a homologação da nova Base Nacional Curricular Comum, em 20 de dezembro de 2017, a formação continuada apresenta-se como condição inerente ao exercício da profissão docente e à qualidade da educação, explicitando a necessidade de formar e fomentar o desenvolvimento profissional dos profissionais da educação, considerando as particularidades do ensino de suas realidades escolares.

Destacamos neste trabalho a formação continuada, sobretudo em uma perspectiva de desenvolvimento profissional, que é entendida por Nunes (2000) como um ato *continuum*, como forma de educação permanente pessoal e profissional, que visa o desenvolvimento constante da profissão. Esse ponto de vista pressupõe a superação das concepções de formação continuada como capacitação, aperfeiçoamento e reciclagem, valorizando e ressignificando os aspectos de caráter contextual, organizativo e orientado para a mudança e melhoria da prática profissional.

A ideia de desenvolvimento profissional está ancorada no pressuposto de Carlos Marcelo (2009), que utiliza essa denominação por entender que se adequa melhor à concepção do professor enquanto profissional do ensino. Para esse autor, o conceito de desenvolvimento profissional compreende um processo a longo prazo, no qual se integram diferentes oportunidades e experiências que visam promover o crescimento e desenvolvimento do docente.

Para André (2016), é preciso pensar em um processo formativo em que o docente tenha oportunidade de refletir criticamente sobre a sua prática, analisar seus propósitos, suas ações, resultados positivos e o que precisa melhorar a fim de obter sucesso em seu ensino. Além de pensar em metodologias de formação em que o professor seja coparticipante do processo, participando das tomadas de decisões sobre o seu desenvolvimento profissional. Nesse contexto, chamamos a atenção para a necessária participação e apoio do SP e do CP, reconhecendo que a eles cabe uma tarefa desafiadora na promoção do desenvolvimento profissional dos professores.

Concordamos com as ideias de Garcia (1999, p. 26), quando destaca a formação docente como um fenômeno complexo e diverso, uma vez que representa uma

> área de conhecimentos, investigação e de propostas teóricas e práticas que, no âmbito da didática e da organização escolar, estuda os processos através dos quais os professores em formação ou em exercício se implicam individualmente ou em equipe, experiências de aprendizagens através das quais adquirem ou melhoram os seus conhecimentos, competências e disposições, e que lhes permite investir profissionalmente no desenvolvimento do seu ensino, do currículo e da escola, com o objetivo de melhorar a qualidade da educação que os alunos recebem. (GARCIA, 1999, p. 26)

Nessa direção, consideramos fundamental que o SP e CP se coloquem como ponto de apoio das ações dos professores, mas para tal, também precisa de formação, de modo a reafirmar na prática, a ideia de que o ambiente escolar é rico em possibilidades e potencialidades formativas, estimulando e fortalecendo os momentos de trocas de experiências entre os pares, pois são nestes momentos que os professores buscam alternativas para superar suas dificuldades. Conceber o SP e CP como formadores da equipe de professores amplia a possibilidade de formação centrada na escola, pois esse profissional assume um papel de articulador dos saberes dos professores e sua relação com a proposta de trabalho da escola.

Estudos realizados por Placco, Souza e Almeida (2012), sobre a função e trabalho de coordenadores pedagógicos em diferentes regiões e estados do Brasil, identificaram que diversas são as funções que esse profissional desempenha, comprometendo não apenas as suas atividades no âmbito pedagógico, mas também a de formador. Evidenciam a pouca clareza por parte dos coordenadores sobre seu papel de formador e as possibilidades de trabalho na direção da formação continuada de docentes. Os estudos evidenciaram, ainda, que são inexistentes formações específicas para o trabalho na coordenação pedagógica, observando as necessidades formativas e demandas específica do exercício da função.

Dito isso, e acreditando na relevância de espaços de diálogo e debates sobre o papel do SP e CP e as possibilidades de desenvolvimento profissional, primando, essencialmente, pela atuação pedagógica e formadora inerente à sua função, discorreremos, na próxima sessão, sobre uma iniciativa de formação de formadores — SP e CP —, ainda em andamento, desenvolvida em duas redes de ensino municipal do Sul de Minas Gerais, os ganhos na voz dos participantes a partir dos diálogos e encontros formativos realizados.

Iniciativa de formação de supervisores e coordenadores pedagógicos: contribuições da pesquisa-formação ao desenvolvimento profissional

A iniciativa de formação de formadores — SP e CP — teve início no ano de 2019, como consequência da parceria estabelecida entre pesquisadoras do Grupo de Pesquisa sobre Formação Docente e Práticas Pedagógicas — FORPEDI/CNPq[3], da Universidade Federal de Lavras, e a Secretaria de Educação de duas redes de ensino envolvidas, a saber, a de Lavras, com as atividades iniciadas de forma presencial, no segundo semestre de 2019, interrompidas em função da pandemia COVID-19, e retomadas em abril de 2022; e a de Nepomuceno no ano de 2021, entre os meses de fevereiro a agosto.

As atividades desenvolvidas pelo grupo, por meio do projeto de pesquisa "Ser professor: dos processos de indução à ressignificação da docência"[4], tinham como objetivo provocar diálogos e reflexões acerca do papel do SP e do CP no processo de desenvolvimento profissional de professores iniciantes, tendo o acolhimento, o acompanhamento e a indução como premissas para o desenvolvimento profissional desses docentes.

A ideia de acolhimento, acompanhamento e indução abarca o reconhecimento das necessidades formativas dos docentes, dos desafios que enfrentam, dos dilemas que se deparam entre outras questões que afetam diretamente o fazer docente efetivo e de qualidade, de forma que possa culminar, em última instância, na qualidade da aprendizagem pelos estudantes.

Pensar nas possibilidades de qualificar a ação docente requer o cuidado de situar a problemática em um contexto permeado por dilemas, por inseguranças, pelo transbordamento de tarefas, seja do professor, seja do SP ou CP. Requer admitir que aos SP e CP **é necessário uma postura e atitude de formadores, que por sua vez, também necessitam de formação para desempenharem esse papel com segurança.**

---

3. Grupo coordenado pela Profa. Dra. Francine de Paulo Martins Lima, UFLA.

4. Subprojeto coordenado pela Profa. Dra. Francine de Paulo Martins Lima, vinculado ao projeto guarda-chuva "Processos de indução de professores iniciantes na escola básica", aprovado pelo Edital CNPq Universal/2018, coordenado pela profa. Marli André *(in memoriam)* até 2020; e atualmente pela profa. Laurizete Ferragut Passos, da PUC-SP.

Entendendo que essa forma de ver e pensar o papel do SP e CP ainda é um processo em construção, mas reconhecendo a sua relevância, optamos por delinear estratégias de aproximação gradativa com os profissionais que atuam nas redes de ensino parceiras, desde o contato cuidadoso e de escuta atenta às necessidades das redes municipais colocadas pelas suas representantes — secretárias de educação, até a organização de um projeto de extensão, em comum acordo com as redes, para diálogos e movimento de escuta também aos SP e CP com vistas a avançarmos em práticas formadoras que primem pelo acolhimento e observância das necessidades formativas dos docentes com os quais atuam.

A ideia era a de provocar os profissionais envolvidos com as questões pedagógicas, notadamente, o SP e CP, a pensarem o papel que desempenham e as possibilidades de atuarem como formadores de professores no contexto da escola.

Imbernón (2009) destaca a necessidade de reconstrução da cultura de formação docente, criando possibilidades de formação que contemplem a participação dos envolvidos para que estes sejam corresponsáveis no processo de formação e na tomada de decisões, contrapondo-se ao modelo onde o formador elabora sozinho o projeto e as pautas de formação, selecionando as atividades que considera essenciais para ajudar os professores a alcançar os resultados esperados.

Nessa perspectiva, a formação continuada em contexto emerge como uma alternativa, considerando sua potencialidade enquanto um processo permanente de desenvolvimento profissional que busca assegurar um ensino de melhor qualidade. Pensando ser o SP e CP os responsáveis por fomentar esse processo de formação, vale questionar: quem forma o formador para desempenhar esse papel?

Conforme apontaram Placco, Souza e Almeida (2012), as formações para os formadores são escassas ou até mesmo inexistentes e, partindo dessa constatação, decidimos desenvolver um curso de extensão, parte do projeto de pesquisa-formação, dirigidos aos SP e CP, a fim de ampliar as possibilidades de desenvolvimento profissional deles e de práticas formadores na escola, com vistas à qualificação das práticas docentes.

O Curso de extensão proposto, intitulado "*Diálogos com supervisores e coordenadores pedagógicos*" coaduna com a perspectiva de pesquisa-formação, a qual ao mesmo tempo em que pesquisa oportuniza a formação e nos momentos de formação constitui a própria pesquisa. O Curso é coordenado por uma pesquisadora experiente e conta com a participação de pesquisadores iniciantes, também em formação, integrantes do FORPEDI e mestrandas do Mestrado Profissional em Educação da UFLA.

De acordo com Longarezi e Silva (2008), na pesquisa-formação, o pesquisador e participante são sujeitos e parceiros da pesquisa e da formação. O diálogo é incentivado e o processo investigativo pode se configurar como uma formação continuada. Ainda segundo os autores, os processos formativos que acontecem no interior da escola potencializam e legitimam a pesquisa como instrumento de compreensão e transformação da realidade, sustentada em princípios e fundamentos científicos.

Segundo Nóvoa (2004, p. 16), a dimensão formadora da pesquisa se concretiza quando o formador forma a si próprio, refletindo sobre sua trajetória e percursos pessoais e profissionais (autoformação), forma-se na relação com os outros, numa aprendizagem coletiva (heteroformação); forma-se por meio das coisas (dos saberes, das técnicas, das culturas, das artes, das tecnologias) e da sua compreensão crítica (ecoformação).

A partir dessa perspectiva é que se desenvolveu a iniciativa a qual será descrita considerando a proposta de **Diálogos** com os participantes, reafirmando a ideia de partilha, colaboração e participação coletiva na constituição das pautas de formação, dos temas a serem abordados, dos caminhos a serem trilhados na formação, corroborando a ideia de pesquisa-formação. Nesta situação, não há prevalência de um grupo sobre o outro — pesquisadores X SP/CP, mas sim a valorização dos saberes específicos de cada um e as possibilidades de compartilhamento dos saberes que à medida que se entrelaçam permitem a elaboração de novos saberes ou até mesmo a confirmação ou ressiginificação dos saberes já adquiridos.

É certo que ao longo dos diálogos os saberes vão emergindo assim como temas que se traduzem em possibilidade de investigação[5] seja pelas pesquisadoras, seja pelos SP e CP pedagógicos, tendo em vista a produção e socialização de conhecimentos da área e que podem vir a provocar novas reflexões a outros profissionais que também atuam na supervisão e coordenação no contexto da educação básica.

Diálogos com supervisores e coordenadores pedagógicos no contexto da educação básica

O primeiro encontro do *Diálogos* e a aproximação com o grupo se deu de forma gradativa com estratégias de acolhimento e aproximação nas duas redes de ensino. Na primeira, rede municipal de ensino de Lavras, o primeiro encontro iniciou em setembro de 2019, com a entrega de material de apoio, caderno, caneta e pasta com a marca do encontro **"Diálogos pedagógicos"**, além de recepção pessoal na porta de entrada de cada um dos 55 participantes. A ideia era iniciar um processo de vinculação e aproximação desde a chegada de forma que pudéssemos estreitar os laços ao longo dos encontros, tecendo vínculos também de confiança. Já na segunda rede, a de Nepomuceno, no ano de 2021, o mesmo processo de acolhimento foi realizado com os 13 participantes, mas de forma virtual devido ao fato de estarmos em um contexto pandêmico, com a inserção do grupo no ambiente virtual, com dizeres de acolhimento e de valorização da importância do grupo pela participação. A

---

5. O curso de extensão Diálogos e as atividades nele desenvolvidas compõem ações do projeto de pesquisa "Ser professor: dos processos de indução à ressignificação da docência", que por sua vez, desmembra-se em outros dois subprojetos de pesquisa no âmbito do mestrado profissional, um ainda em andamento e outro já finalizado.

estratégia de aproximação foi semelhante nas duas redes, apesar de tempo cronológico distinto.

As ações realizadas em Nepomuceno tomaram como referência e inspiração as ações e estratégias delineadas para a formação no município de Lavras[6]. Falamos inspiração, pois ajustes foram necessários tendo em vista que o processo de pesquisa-formação pressupõe a delimitação e encaminhamentos das ações com base nas demandas apresentadas pelos participantes, os quais são ponto de partida juntamente com as suas necessidades formativas, para os diálogos e delineamento dos encontros. Vale registrar que mesmo que existam provocações desencadeadoras dos diálogos, contribuição dos pesquisadores da universidade, essas são o ponto inicial de diálogo, não se configurando como temas fixos ou engessados. São, na verdade, pontes para o acesso a diálogos situados na realidade e demandas do próprio grupo envolvido no processo de formação.

O Curso proposto contempla uma carga horária de 100horas, divididas em três módulos, a saber: *I — Diálogos iniciais: acolhimento e aproximação com foco na especificidade do trabalho do supervisor e coordenador pedagógico — 30 horas* (módulo já realizado nas duas redes de ensino municipal) *II — Diálogos necessários: estudo e elaboração de pautas formativas para o trabalho com professores iniciantes e veteranos — 40 horas* (Módulo já realizado na rede de ensino municipal de Nepomuceno e ainda em andamento na rede de ensino municipal de Lavras); *III — Diálogos possíveis e desenvolvimento das pautas formativas com os docentes da educação básica — 30 horas* (a ser realizado nas duas redes no próximo semestre).

As pautas iniciais de formação foram pensadas pelas pesquisadoras de tal forma que em todos os encontros fosse possível um

---

6. O detalhamento das pautas de formação desenvolvidas no contexto da rede de ensino de Nepomuceno podem ser conferidas na dissertação de Mestrado de Kelly Cristina Teixeira Lazarini, intitulada Diálogos e (re)construções de um grupo de supervisores pedagógicos sobre as práticas formadoras: contribuições da pesquisa-formação, sob orientação da Profa. Dra. Francine de Paulo Martins Lima.

momento de acolhimento e espaço para que pudessem trazer a tona suas concepções, pontos de vistas, formas particulares de pensar temas provocadores do dia, ou ainda diálogos provocados pela leitura deleite, realizada no início de cada encontro. A partir do terceiro encontro, tornou-se possível elaborar as pautas em consonância com as necessidades formativas apresentadas pelo grupo.

As pautas de formação apresentam sempre quatro momentos, sempre fazendo analogia a ideia de diálogos:

— **Diálogos iniciais** — momento de recepção, acolhimento e aproximação que geralmente contemplava uma leitura deleite e, em seguida, apresentava o tema desencadeador dos diálogos do encontro. Neste momento eram previstos outros diálogos temáticos que fomentavam ideias e pensamentos que culminavam em outros diálogos intitulados das diferentes formas a depender do foco ou necessidade de discussão, a saber: *diálogos particulares*, quando se referiam a questões que buscavam fazer emergir a falas que pudessem considerar a pessoa e profissional que está em processo de formação, valorizando a dimensão humana presente e essencial para a constituição da identidade profissional; neste momento emergem também as crenças, valores e concepções que possuem acerca dos diversos temas envolvendo a supervisão e a coordenação pedagógica, bem como o trabalho de acompanhamento e formação dos docentes da escola em que atuam. Trata-se de um momento de olhar para si, acolher suas potencialidades e necessidades para então acolher o outro — notadamente os docentes, suas potencialidades e necessidades. Entendemos que fazer esse exercício permite o desenvolvimento de pertença e legitimidade do papel que desempenham, fortalecendo a identidade profissional, além de desenvolver o sentimento de empatia e implicação com o outro no processo de acolhimento, acompanhamento e desenvolvimento profissional.

— **Diálogos Necessários** — momento em que são desenvolvidas estratégias de análise de incidentes críticos envolvendo o trabalho dos SP e CP, os dilemas e as práticas empreendidas; o uso de casos de ensino para pensarmos situações e demandas dos professores e que evidenciam a necessidade de apoio pedagógico e que podem suscitar movimentos de formação no contexto da escola tendo o coordenador peça chave para a promoção dessas formações; entre outras. Parte-se sempre da realidade do grupo ou de situações que suscitam pensar sobre a prática que desenvolvem, avançando nas possibilidades de superar situações dilemáticas, ressignificar conceitos e concepções acerca do papel do SP e CP e o lugar de relevância que ocupam na qualificação dos processos pedagógicos empreendidos no contexto escolar. Estratégias de promoção de diálogos em duplas, trios e grupos são realizadas a depender das demandas apresentadas, seja no encontro do dia, seja por questões e situações que emergiram no encontro anterior e que solicitaram a ampliação do diálogo com apoio de novos aportes teóricos que pudessem iluminar e aprofundar a discussão. Trata-se de um momento em que diálogos empreendidos no momento do acolhimento em que as falas são mais soltas e que geralmente revelam as angústias e desafios, são retomados com cuidado e atenção, no formato de compartilhamentos, socialização fazendo a relação da situação analisada com as experiências de cada um na escola e na função que desempenham. O foco está na prática profissional do SP e CP e na sua relação com os docentes e acompanhamento destes com vistas ao desenvolvimento profissional, notadamente os iniciantes, foco do projeto. Neste momento emergem as necessidades formativas do grupo e que acabam por fomentar os demais diálogos e a elaboração das pautas de formação a partir das demandas que emergiram.

— **Diálogos com referenciais teóricos** — momento em que os diálogos voltam-se para a análise dos fenômenos e situações relatadas e ou colocadas como dilemáticas pelos SP e CP considerando as possibilidades de buscar em referenciais teóricos diálogos e informações que permitem a compreensão das demandas e problemáticas apresentadas pelo grupo, a fim de superar crenças e ampliar as possibilidades de recorrer a teoria para a resolução de questões de ordem prática do dia-a-dia da escola e do trabalho na supervisão e coordenação pedagógica. A ideia aqui é, a partir das questões consideradas relevantes ou que lhes causam inquietações possam ser debatidas e compreendidas de forma contextualizada, observando a produção do conhecimento na área e estudos que permita ao grupo ressignificar conceitos, ampliar os conhecimentos que possuem ou ainda elaborar outros com base teórica consistente e de forma sistemática.

Compreendemos que este é um momento em que os modos de apresentação das questões teóricas em articulação com as demandas colocadas pelo grupo podem servir de parâmetro aos SP e CP para o desenvolvimento de formações com os docentes das escolas em que atuam, observando as possibilidades de incorporação de discussões semelhantes nas pautas de formação com as suas equipes. Vale registrar que o necessário cuidado para que inserção de discussões de teorias ou teóricos seja feita de forma gradativa, com linguagem acessível, observando a articulação com as práticas desenvolvidas ou situações desafiadoras que precisam ser resolvidas. O foco aqui é dar evidencia a relevância da teoria para desenvolvimento de práticas pedagógicas e formativas seguras e eficientes.

— **Diálogos possíveis** — momento em que é proposta a realização da síntese dos principais pontos de diálogo, das aprendizagens de cada um, buscando apreender o que pensam ou ainda o que necessitam aprofundar. Trata-se de um momento em que se provoca a reflexão sobre o que não sabiam e agora sabem; o que ainda é um ponto desafiador e dilemático e em que precisam avançar, que precisam compreender ou até mesmo superar; quais os caminhos seguir diante das novas aprendizagens; como atuar junto aos docentes das escolas em que trabalham de modo a impulsionar avanços que se referem ao fazer docente; como elaborar pautas de formação que de fato atendam as demandas e necessidades do corpo docente escola... Enfim, trata-se de um momento em que a proposta é refletir sobre as possibilidades de socialização e compartilhamento dos estudos e aprendizagens de tal forma que possam assumir a postura de formador de professores junto ao seu grupo de trabalho, inclusive fazendo uso de incidentes críticos e casos de ensino que se relacionam diretamente com o grupo sob sua coordenação. Aqui a ideia de desenvolvimento profissional vai se acentuando em uma perspectiva de ampliação e solidificação da identidade profissional, do ofício que possuem, das possibilidades de práticas que primam pelo acompanhamento sistemático dos docentes em uma perspectiva de acolhimento e indução aos professores iniciantes, assim como para o acolhimento e acompanhamento aos professores veteranos, pressupondo momentos de diálogos e formações sistemáticas no contexto da escola.

Dos ganhos dos "Diálogos" ao desenvolvimento profissional na voz dos supervisores e coordenadores pedagógicos

Muitas são as possibilidades de discussão a partir dos diálogos que emergiram ao longo dos encontros, no entanto, tendo em vista o recorte realizado para esse texto e o foco na iniciativa e as contribuições ao desenvolvimento profissional, selecionamos alguns depoimentos de SP e CP das duas redes, a fim de evidenciarmos reflexões feitas por eles sobre os ganhos da participação na formação proposta por meio do Curso de Extensão.

Os depoimentos demonstraram as aprendizagens constituídas na e pela formação e fica evidente que as discussões realizadas suscitaram reflexão sobre o papel que desempenham e o quanto podem melhorar, revisitar a postura ou fazer de novas maneiras com vistas à qualificação do acompanhamento e abordagem aos docentes. Vejamos:

> *Penso que, através dos relatos vivenciados durante o curso e em nossa caminhada, tenha marcado em nós muita coragem e discernimento. Pois assim enfrentaremos nossas alegrias e dificuldades diárias com mais empatia, aprendendo muito com os caminhos já trilhados e acreditando sempre nos caminhos a serem trilhados. Com mais formações continuadas seguiremos com mais firmeza e sucesso.* (Nara — Rede de ensino de Nepomuceno)
>
> *Foi muito bom poder pensar com tranquilidade no meu "eu" e fazer uma análise clara sobre o meu papel na educação. Foi uma*

reflexão individual/pessoal e uma reflexão profissional. Um momento de parada muito pertinente para uma reflexão de nossas ações, dificuldades, pontos fortes e que precisam melhorar. Esses encontros redefiniram o meu olhar para a formação dentro da escola, assim faz mais sentido. (Laura — Rede de ensino de Lavras)

Após a formação passei a refletir mais sobre minha postura perante o grupo, uma vez que, muitas vezes, por considerar que as professoras, mais experientes que eu, já tinham conhecimento de determinado assunto, eu deixava de comentar algo, deixava de expressar a minha opinião ou fazer a intervenção necessária. A formação foi de fundamental importância para o desenvolvimento da minha atuação como Supervisora Pedagógica contribuindo muito para que as atribuições sejam desempenhadas de forma eficiente e eficaz. (Pérola — Rede de ensino de Nepomuceno)

Partir de uma análise da prática pedagógica, possibilita e motiva a busca de novos olhares para a nossa ação pedagógica [...] São muitos os ganhos e as aprendizagens... o despertar para um "NOVO OLHAR" para mim, para os outros professores, para os iniciantes... Instiga a vontade de aprender e (RE)aprender de forma constante. (Glória — Rede de ensino de Lavras)

Ao parar para refletir de forma coletiva, o tempo possibilitou rever minha prática junto às professoras, priorizando o diálogo e atenção nos aspectos formativos que contribuam para melhor conscientização e assim para a transformação. (Clara — Rede de ensino de Nepomuceno)

Os relatos demonstraram que a formação desenvolvida contribuiu sobremaneira para o repensar a própria atuação profissional, para pensar nas especificidades de acompanhamento aos docentes, olhar para si, mas também olhar para o outro com um "novo olhar", agregando ao desenvolvimento profissional dos SP e CP. As reflexões desencadeadas nos encontros foram de grande valia para o grupo, como podemos perceber nos depoimentos a seguir.

Foi principalmente a consciência do papel do supervisor diante de tantos relatos das dificuldades encontradas no exercício da

profissão que percebi que não estou sozinha. É difícil sim, mas vale a pena! (Nara — Rede de ensino de Nepomuceno)
[...] agora percebo que preciso ouvir mais os professores e tomar decisões juntos. (Artur — Rede de ensino de Nepomuceno)
[...] As discussões que aconteceram nos encontros nos levaram a refletir sobre o nosso trabalho e sobre como melhorá-lo [...] Foi um momento de muita reflexão [...] Hoje não sou a mesma de quando cheguei aqui. Quero compartilhar o que aprendo aqui com os "meus professores na escola". (Alice — Rede de ensino de Lavras)

Quando perguntados sobre o que mudou após a formação, alguns relatos trouxeram elementos importantes, como, por exemplo, o sentimento de pertença ao grupo. Eles puderam ver que os desafios acontecem com todos e que juntos, no coletivo, fica mais fácil enfrentá-los. O momento reservado aos encontros também foi destacado na fala dos participantes.

Houve uma grande mudança nesse meu papel de formadora. Me sinto ainda mais responsável e determinada a querer ajudar na formação, instrução, apoio e presença. (Sofia — Rede de ensino de Nepomuceno)
Gostaria que tivéssemos mais momentos de formação como esse. Com temas relacionados a nossa realidade, ao nosso cotidiano. Mais momentos de encontros exclusivos com apenas os supervisores da rede. (Sofia — Rede de ensino de Nepomuceno)
A abertura para esse diálogo e essa experiência de formação nunca tinha vivido, posso dizer que é uma das mais significativas pra mim e precisa continuar, tudo parece fazer sentido... Estudar a partir da nossa prática e das nossas demandas faz com que as coisas tenham sentido. Tem horas que anda fico angustiada por ter de dar conta de tantas coisas e mais agora me vendo com essa responsabilidade de formadora, mas ao mesmo tempo tenho aprendido aqui que não estou sozinha e nem posso estar. É com os meus professores que vou fazer acontecer, como está acontecendo aqui. (Julia — Rede de ensino de Lavras)

Evidenciamos uma iniciativa de pesquisa-formação, a forma de organização, abordagem e caminhos percorridos considerando que estes podem provocar reflexões a SP e CP que atuam nas escolas de educação básica e, certamente, se deparam com dilemas ou até mesmo apresentem necessidades formativas semelhantes ao dos grupos aqui relatos, tomando a nossa experiência como provocação ou até mesmo inspiração.

A vivência desse processo de formação reafirma em todos nós envolvidos, a crença de que não podemos abrir mão do trabalho colaborativo entre a universidade e a escola, entre pesquisadores e professores da educação básica, entendendo ser este um como caminho profícuo e necessário para a produção e ressignificação de saberes no campo da docência, da formação de professores e dos formadores de professores no contexto das escolas de educação básica, bem como para a qualificação dos processos pedagógicos e de ensino-aprendizagem empreendidos. Finalizamos reafirmando a potência dos *diálogos* para o fortalecimento dos processos de desenvolvimento profissional de professores, supervisores e coordenadores pedagógicos.

Referências

AGUIAR, M. A. da S. *Supervisão escolar e política educacional*. São Paulo: Cortez, 1991.

ANDRÉ, Marli (org.). *Práticas inovadoras na formação de professores*. Campinas: Papirus, 2016.

FERREIRA, Aurélio de Buarque de Holanda. *Mini Aurélio Século XXI Escolar: O minidicionário da língua portuguesa*. Rio de Janeiro: Nova Fronteira, 2000.

FERREIRA, Naura Syria Carapeto. Supervisão educacional no Brasil: trajetória de compromissos no domínio das políticas públicas e da administração da educação. In: Id. (org.) *Supervisão educacional para uma escola de qualidade: da formação à ação*. 3. ed. São Paulo: Cortez, 2002. 69-96.

FRANCO, M. A. S. Entre a lógica da formação e a lógica das práticas: a mediação dos saberes pedagógicos. In: *Educação e Pesquisa*, v. 34, n. 1 (2008). 109-126.

GARCIA, C. *Formação de professores: para uma mudança educativa*. Porto: Porto Editora, 1999.

IMBERNÓN, F. *Formação continuada de professores*. Porto Alegre: Artmed, 2009.

LIBÂNEO, J. C. *Pedagogia e pedagogos para quê?* 6. ed. São Paulo: Cortez, 2002.

LONGAREZI, Andrea Maturano; SILVA, Jorge Luiz. Interface entre pesquisa e formação de professores: delimitando o conceito de pesquisa-formação. In: *EDUCERE*, 8, 2008, Curitiba. Anais. Curitiba: Champagnat: Araucária, 2008. 4048-4061.

MARCELO, C. Desenvolvimento Profissional Docente: passado e futuro. In: *Sísifo. Revista de Ciências da Educação*, 08, 2009. 7-22.

MESQUITA, E.; ROLDÃO, M. do C.; MACHADO, J. *Prática supervisionada e construção do conhecimento profissional*. Vila Nova de Gaia: Fundação Manuel Leão, 2019.

NÓVOA, António. Prefácio. In: JOSSO, M. C. (org.). *Experiências de vida e formação*. São Paulo: Cortez, 2004. 11-17.

NUNES, C. S. C. *Os sentidos da formação contínua de professores: o mundo do trabalho e a formação de professores no Brasil*. 155 fls., 2000. Tese (Doutorado em Educação) — Faculdade de Educação da Universidade Estadual de Campinas, Campinas, 2000.

PIMENTA, Selma Garrido. Professor reflexivo: construindo uma crítica. In: PIMENTA, S. G.; GHEDIN, E. (org.). *Professor reflexivo no Brasil: gênese e crítica de um conceito*. São Paulo: Cortez, 2002. 17-52.

PLACCO, V. M. N. S.; SOUZA, V. L. T.; ALMEIDA, L. R. O coordenador pedagógico: aportes à proposição de políticas públicas. In: *Cad. Pesquisa*. São Paulo, v. 42, n. 147 (dez. 2012). 754-771. Disponível em: <https://www.scielo.br/j/cp/a/WPF5PzGd5zS3QWZPYNhWYDQ/abstract/?lang=pt>. Acesso em: 02 set. 2022.

RANGEL, Mary. Considerações sobre o papel do supervisor, como especialista em educação, na América Latina. In: SILVA Jr., Celestino Alves; RANGEL, Mary (org.). *Nove olhares sobre a Supervisão*. Campinas: Papirus, 1997. 147-161.

RANGEL, M. Supervisão: do sonho à ação – uma prática em transformação. In: FERREIRA, Naura Syria Carapeto (org.). *Supervisão educacional para uma escola de qualidade: da formação à ação*. 3. ed. São Paulo: Cortez, 2002. 69-96.

SANCHES, J. C. A. A atuação do coordenador pedagógico diante da gestão de aprendizagem. In: *Revista UniFreire*, n. 1, 194-201, São Paulo, dez. 2013.

Disponível em: <https://www.paulofreire.org/images/pdfs/revista_unifrei re.pdf>. Acesso em: 04 out. 2022.

SAVIANI, D. A Supervisão Educacional em Perspectiva Histórica: da função à profissão pela mediação da ideia. In: FERREIRA, Naura Syria Carapeto (org.). *Supervisão educacional para uma escola de qualidade*. 3. ed. São Paulo: Cortez, 2002.

TAVARES, J. N. Educação e imperialismo no Brasil. In: *Educação e Sociedade*. São Paulo, n. 7 (1980). 5-52.

Edições Loyola

editoração impressão acabamento

Rua 1822 n° 341 – Ipiranga
04216-000 São Paulo, SP
T 55 11 3385 8500/8501, 2063 4275
www.loyola.com.br